● 中国农业科学院农业经济与发展研究所研究论丛（第7辑）

新形势下中国棉花产业发展及政策研究

◎ 钱静斐　著

中国农业科学技术出版社

图书在版编目(CIP)数据

新形势下中国棉花产业发展及政策研究 / 钱静斐著 . --北京：中国农业科学技术出版社，2022.2
ISBN 978-7-5116-5695-7

Ⅰ.①新… Ⅱ.①钱… Ⅲ.①棉花-产业发展-研究-中国 Ⅳ.①F326.12

中国版本图书馆 CIP 数据核字(2022)第 019924 号

责任编辑　徐定娜
责任校对　李向荣
责任印制　姜义伟　王思文

出 版 者	中国农业科学技术出版社
	北京市中关村南大街 12 号　　邮编：100081
电　　话	（010）82105169（编辑室）　　（010）82109702（发行部）
	（010）82109709（读者服务部）
网　　址	http://www.castp.cn
经 销 者	各地新华书店
印 刷 者	北京建宏印刷有限公司
开　　本	185 mm×260 mm　1/16
印　　张	8
字　　数	189 千字
版　　次	2022 年 2 月第 1 版　2022 年 2 月第 1 次印刷
定　　价	48.00 元

── 版权所有·翻印必究 ──

项目资助

本书得到中国农业科学院科技创新工程项目(编号:10-IAED-04-2022)和中国农业科学院基本科研业务费专项(编号:1610052022023)的资助,特此致谢!

内容提要

新疆棉花目标价格改革试点是落实党的十八届三中全会和2014年中央一号文件关于完善农产品价格形成机制的重大举措，关系到保障棉农合理收益和全国棉花产业可持续发展，也肩负着探索农产品价格市场形成机制的重要使命。2014—2019年棉花目标价格政策总体进展顺利，国内棉花市场活力明显增强，国内外棉花差价缩小，纺织企业效益有所提高，政策效果初步显现。但在实施过程中也发现一些操作细节，如补贴方式、补贴范围等问题有待改进。因此，有必要对新疆棉花目标价格政策执行情况进行跟踪和评估，为完善重要农产品价格形成机制提供实践积累。

本研究从主产区棉农对政策的满意度、政策实施前后收益变化、种植结构调整、棉花生产技术效率四方面入手，全方位多角度评估政策实施效果，探讨转变和完善补贴方式，提高补贴政策的精细度和精准度，对完善我国棉花目标价格政策具有积极指导价值，同时也为粮食等其他农产品目标价格的制度探索和改革提供理论参考。主要结论如下。

棉农对目标价格政策的总体满意度、补贴方式和价格水平的满意度（基本满意及以上）较高。调研中多数农户表示，目前市场价格偏低，生产成本高涨，如果没有目标价格补贴，除去物质资料、人工、租地等生产成本，利润将所剩无几甚至处于亏损状态，大部分棉农对此项政策的实施持肯定态度。影响因素分析结果显示，农户年龄、家庭农业劳动力数量、是否参加农业专业合作组织、植棉规模和植棉年限是影响农户对政策满意度的重要因素，从政策实施角度来看，对政策了解程度、是否及时足额收到补贴和是否增加收入是显著影响政策满意度的因素。从农户种植意愿来看，七成左右的受访者愿意继续植棉，南疆比例略高于北疆；在愿意继续植棉的受访者中，表示稳定或扩大种植规模的比例在六成以上，表明目标价格补贴政策对主产区棉农种植意愿起到一定的支撑作用。

农户棉花生产具有一定惯性，短期内不会轻易调整播种面积，上一期棉花播种面积对即期棉花供给有较强影响；棉花供给在短期内缺乏价格弹性，长期富有价格弹性，补贴政策增加了棉花播种面积对价格变动反应的敏感性；生产成本的提高会挤占棉花种植收益，农户会相应减少棉花种植面积；长期来看，棉花供给对替代作物价格变动的反应灵敏度会增强，而棉花补贴政策一定程度上会激励农户植棉，降低其改种其他作物的可能；棉花目标价格政策的实施对稳定棉花供给有积极作用，但相较于其他主要影响因素来说，效应有待提高，未来存在进一步优化调整和完善的空间。

从对全国及10个主产省（区）棉花全要素生产率的测度结果来看，棉花目标价格补贴实施后，全国及大部分产区棉花全要素生产率整体呈上升态势，其中以新疆年均全要素生产率增长幅度最大。从全要素生产率分解来看，技术进步是棉花全要素生产率上升的主要原因，而政策实施对新疆棉区技术进步和规模起到了重要的促进作用。通过对棉花全要素生产率影响因素的分析发现，棉花目标价格补贴政策和时间趋势在1%显著水平下，对棉花全要素生产率均有显著正向影响。结合棉花全要素生产率指数在2014—2018年政策实施前后的变化，进一步证明，目标价格补贴可以显著提高主产区棉花生产效率。同时，结合棉花全要素生产率分解结果来看，目标价格补贴政策的实施对棉花生产技术进步有重要的提升作用，补贴增加了生产者收入和投资能力，会促进其采用新技术和优化组合要素投入。

根据以上主要结论，本研究区分新疆棉区、长江流域棉区和黄河流域棉区，因地施策提出不同的完善棉花目标价格补贴政策的相关建议，最后着眼于整个棉花产业链的健康可持续发展，提出开放条件下促进棉花产业发展的对策建议。

目　　录

第1章　绪　　论 ……………………………………………………… 1
1.1　研究背景 …………………………………………………………… 2
1.2　理论基础 …………………………………………………………… 3
1.3　国内外研究进展 …………………………………………………… 5
1.4　选题的价值和意义 ………………………………………………… 7
1.5　研究目标 …………………………………………………………… 8
1.6　主要研究内容 ……………………………………………………… 8
1.7　研究方法 …………………………………………………………… 9

第2章　全球及我国棉花市场供需现状及展望 ……………………… 11
2.1　全球棉花种植区域分布 …………………………………………… 12
2.2　全球棉花市场供需现状分析 ……………………………………… 14
2.3　全球棉花产业格局的特点及展望 ………………………………… 21
2.4　我国棉花种植区域分布 …………………………………………… 22
2.5　我国棉花市场供需现状分析 ……………………………………… 24
2.6　我国棉花市场供需展望（2020—2029年）……………………… 29
2.7　小　　结 …………………………………………………………… 31

第3章　我国主要棉花政策及棉花目标价格政策实施情况 ………… 33
3.1　我国棉花政策演变分析 …………………………………………… 34
3.2　新疆棉花目标价格政策 …………………………………………… 38
3.3　小　　结 …………………………………………………………… 41

第4章　主产区棉农对目标价格政策实施的满意度及其影响因素分析 ………… 43
4.1　引　　言 …………………………………………………………… 44
4.2　数据来源与研究方法 ……………………………………………… 44
4.3　变量与样本概况 …………………………………………………… 46
4.4　模型估计结果 ……………………………………………………… 51
4.5　棉农种植意愿情况 ………………………………………………… 52
4.6　结论和建议 ………………………………………………………… 53

第5章 政策调整、比较收益变化和棉农供给决策 ········· 55
- 5.1 引　言 ········· 56
- 5.2 国内外研究现状 ········· 58
- 5.3 理论模型与变量选择 ········· 59
- 5.4 研究区域与数据来源 ········· 60
- 5.5 实证模型及估计结果 ········· 62
- 5.6 结论和建议 ········· 64

第6章 政策调整对主产区棉花生产技术效率的影响 ········· 67
- 6.1 引　言 ········· 68
- 6.2 目标价格补贴政策对棉花生产效率的作用路径 ········· 69
- 6.3 主产区棉花生产技术效率测算 ········· 69
- 6.4 目标价格补贴政策对主产区棉花生产效率的影响 ········· 74
- 6.5 结论和建议 ········· 75

第7章 政策效果、存在的主要问题和产业发展挑战 ········· 77
- 7.1 目标价格补贴政策实施效果 ········· 78
- 7.2 目标价格补贴政策存在的主要问题 ········· 79
- 7.3 我国棉花产业发展特征及挑战 ········· 82

第8章 促进棉花支持政策精细化的对策建议 ········· 87
- 8.1 精细化治理理论 ········· 88
- 8.2 促进棉花目标价格补贴政策精细化的对策建议 ········· 89
- 8.3 促进我国棉花产业可持续发展的对策建议 ········· 91

第9章 研究结论、不足与展望 ········· 93
- 9.1 研究结论 ········· 94
- 9.2 存在的不足与研究展望 ········· 95

参考文献 ········· 97

附录1 棉花种植农户调查问卷 ········· 103

附录2 咨询报告 ········· 109

第 1 章
绪 论

1.1 研究背景

中国是全球90多个植棉国家和地区中最大的原棉消费国，是仅次于印度的第二大棉花生产国。棉花是我国种植业生产中仅次于粮食的第二大农产品，种植区域广泛分布于全国20多个省、自治区、直辖市，种植效益直接关系到棉区上亿从业农民的生计。加入世界贸易组织（WTO）后我国纺织业飞速发展，国内棉花资源已不能满足纺织业日益增长的原棉需求，进口量逐年提高，对国外棉花市场的依赖程度持续上升。另外，近年来，在成本上涨的压力之下，植棉比较效益持续下降，传统植棉区域中的长江中下游和黄河流域两大棉区棉花种植连年萎缩，进一步加大了国内棉花的供需缺口。如何用政策手段保护具有战略地位的国内棉花产业，保障棉农收入，成为亟须解决的现实问题。

补贴效果评估有利于改进和完善目标价格制度。新疆棉花目标价格改革试点是落实党的十八届三中全会和2014年中央一号文件关于完善农产品价格形成机制的重大举措，关系到保障棉农合理收益和全国棉花产业可持续发展，也肩负着探索农产品价格市场形成机制的重要使命。2014—2019年棉花目标价格政策总体进展顺利，国内棉花市场活力明显增强，国内外棉花差价缩小，纺织企业效益有所提高，政策效果初步显现。但在实施过程中也反映出一些操作细节，如补贴方式、补贴范围等问题有待改进。因此，有必要对新疆棉花目标价格政策执行情况进行跟踪和评估，为完善重要农产品价格形成机制提供实践积累。

棉花目标价格补贴方式需要优化。目前，新疆棉花种植区域主要分布在南北疆60多个县/市及100多个团场，约有半数以上农户（七成以上为少数民族）从事棉花生产。农民人均可支配收入中的三四成来自植棉收入，主产区则高达五到七成。补贴政策的实施不仅关乎产业稳定和农户增收，也关乎少数民族地区经济发展和社会稳定。棉农对政策的满意度和棉农收益的高低直接影响农户植棉的积极性，直接关系到补贴政策的效果和效率。棉花目标价格政策已实施两轮，在执行过程中需要不断根据实践进行调整和完善，优化现有补贴方式，提高政策效能和补贴效率。

政策推动下棉农种植结构调整的问题亟须解决。棉花目标价格补贴政策目前只在新疆试点，属于区域差异化补贴政策，对黄河流域和长江流域棉花种植及棉农收入影响巨大。2015年，农业部（现农业农村部，下同）发布的《关于进一步调整优化农业结构的指导意见》明确提出，棉花作为我国主要经济作物，主要以"稳"为重点，巩固新疆棉花的生产能力，确保一定的自给水平。同时，调整优化棉花区域生产力布局。在长江中下游重金属污染区退出水稻种植，发展棉麻等非食用农产品，在西北绿洲农业区稳定棉花种植面积。然而，因连续实施三年的棉花临时收储政策被取消，黄河流域和长江流域棉花市场逐渐完全放开，受市场棉价下行和比较效益低下的影响，黄河流域和长江流域棉农将直接面临"不种棉花种什么"的种植结构调整问题，尤其对于一些生态环境脆弱地区，如水资源紧缺但气候条件适宜植棉的河北沧州、衡水一带漏斗形地貌区，河北河间等盐碱地区，以及只能种植棉花的山东东营、滨州等滩涂地区，种植结构调整的形势更为严峻。因此，在目标价格政策下，如何引导种植结构调整和促进黄河流域和长江流域棉花产业发展值得研究。

补贴政策需要进一步完善和创新。根据我国政府向 WTO 的通报，2014—2016 年我国棉花补贴已超过 8.5% 的微量允许，2016 年棉花补贴占棉花总产值的比重高达 21.32%。我国应该吸取美国与巴西 10 年之久的棉花补贴争端的教训，在 WTO 框架下进一步优化和完善棉花目标价格补贴方式，力图将其中的一部分转变为"绿箱"政策，规避"黄箱"天花板。通过研究目标政策下主产区不同资源禀赋农户的收入变动及种植业结构调整，探索转变补贴方式的路径，对于补充和完善我国棉花目标价格政策意义重大。

1.2 理论基础

1.2.1 农业补贴理论

农业补贴是在市场经济条件下政府为合理配置社会资源而对农业生产、流通、贸易等环节进行的财政转移支付。作为农业支持与保护体系中最重要内容，农业补贴成为世界各国政府促进农业发展和保护农民利益的主要政策调控工具。农业的基础性、高风险性和多功能性，决定了农业补贴实施的必要性。

农业具有基础性。农业是人类生存之本，是国民经济发展的基础。农业为人类提供了赖以生存的食物来源，农业本身也是农民生存的根本，全球一直在为消除饥饿和贫困而不懈努力。任何一国（地区）在国民经济发展初期都离不开农业对工业的支持，农业为工业发展提供了原料基础，保证了扩大再生产的原材料需求。随着工业化和城镇化，农村剩余劳动力从农业转移到工业和服务业，农业也为其他产业部门的发展提供了劳动力资源。

农业具有高风险性。农业生产是自然再生产和经济再生产结合的产业，面临自然和市场的双重不确定性风险。一方面，农业生产受资源禀赋制约，也易受现代化水平影响，具有区域差异性和生产不确定性，自然条件变化会对动植物生长产生重大影响；另一方面，农作物生产具有周期性和季节性特征，不同资源条件和经营规模条件下的农户，面对市场变化调节生产的能力不同，收益也存在较大差异。因此，天然弱质性充分显示了农业补贴支持的必要性。

农业具有多功能性。除了为人类生存提供粮食和为工业发展提供原材料，农业还具有环境保护、就业保障和社会稳定等功能。新时期农业发展战略在农业多功能性开发下有了更丰富的内涵，这一点得到了世界各国政府的认同和重视，从日本的稻米文化到欧盟农业发展模式，农业多功能属性促进了农业可持续发展战略在全球各国的实施，成为诸多国家政府支持和保护农业的重要依据。

综上所述，农业补贴作为促进农业生产和保障农民收益的调控工具，是全球各国支持和反哺农业的重要举措。因此，研究补贴政策对棉农生产决策行为、基本收益和生产技术效率的影响，有利于进一步优化现有的补贴政策。

1.2.2 农户行为理论

农户是指以血缘姻亲为纽带进行农业生产、生活及社会活动的农村家庭，农户是农业生产经营的基本单位，也是农村社会的基本单元。农户基本特征可以归纳为：身居乡村，从事农业生产经营活动，并具有生产和消费双重属性。基于农户的属性特征，对农户行为的研究本质是对农户生产决策动机和变化的分析。围绕决策动机和目标的不同，国内外对农户行为的经典理论大体可分为以下3类。

（1）小农生存理论

20世纪20年代末，俄国经济学家恰亚诺夫（A. V. Chayanov）在其代表作《农民经济组织》中提出"消费—劳动均衡"理论。该理论主要认为农户生产经营决策取决于满足自身消费与劳动辛苦程度之间的平衡，而非成本收益之间的比较，因此农户的生产目标是追求生产最低风险，即只要家庭消费需要得以满足，农户就不会再增加生产投入。在"消费—劳动均衡"理论中，小农经济是保守、非理性、低效率的经济组织。此后多位经济学者对"消费—劳动均衡"理论进行发展，如20世纪40年代，美国经济学家J. Scott提出著名的"道义经济"理论，对"消费—劳动均衡"理论用案例进行深入阐述和延伸。他认为小农经济以"风险最低"为原则，不会冒险追求平均收益最大化。还有一些学者在此基础上提出"风险厌恶理论"，将风险不确定条件下农户的决策理论运用到农户生产行为的研究中，认为出于生存需要，风险厌恶是小农经济行为的"生存准则"。小农生存理论强调了小农经济行为的生存目的，但忽视了市场和社会等因素的影响。

（2）理性小农理论

美国经济学家舒尔茨（Schultz）在其代表作《改造传统农业》中提出理性小农理论，该理论沿用西方经济学"经济人"假设，认为小农与企业家一样都是"理性经济人"，其对生产要素的配置也符合帕累托最优原则，农户经济行为的目标是追求利润最大化。在理性小农理论中，农户实际上是"贫穷但有效率"的。因此，对现代生产要素的投入可以改造传统农业，而不应选择削弱农户生产组织功能和自由市场体系。经济学家波普金（Popkin）在《理性小农》书中认为农户会综合成本收益、风险程度、自身偏好等因素理性进行生产行为决策，以期达到利润最大化。两位经济学家的观点都强调了小农的理性动机，学术界将其称为"舒尔茨—波普金命题"，也是"理性小农"理论的主要代表观点。

（3）效用小农理论

中国经济学家黄宗智结合中国农村实际情况，分析了20世纪30—70年代中国农户家庭生产经营行为，研究了经济差异与社会分化之间的内在逻辑，认为小农在农村市场化进程中遵循"效用最大化"原则，"内卷化（involution）"才是中国小农经济的基本特征。"内卷化"指在某一发展阶段，一种社会或文化模式成为确定的形式后停止发展的现象（黄宗智，2020）。"内卷化"主要表现在：虽然小农以利润最大化为目标，但受耕地面积、劳动力剩余、就业机会少等因素影响，劳动的机会成本几乎为零。意味着即使在要素投入的边际报酬较低的情况下，农户仍会增加劳动投入，最终导致农业生产劳动投入"内卷化"。出现这一问题的原因在于农村家庭剩余劳动力无法成为非农就业的雇用者，只能继续附着在农村土地和农业生产上。

综合以上经典农户行为理论，本研究认为农户行为是根据效益最大化而对外界经济、社会、政策等信号所做的判断和反应，所要研究的棉农会根据补贴政策和市场变动来进行生产经营决策。结合本主要研究内容，笔者分析了政策调整下棉农生产决策行为，进而对补贴政策效果进行评估。

1.3 国内外研究进展

查阅大量文献发现，与本研究直接相关的国内外文献主要有两大类：一类是农业补贴政策包括棉花补贴政策对农民收入的影响；另一类是对棉花目标价格政策实施效果的评估。

1.3.1 关于农业补贴政策对农民收入的影响

21世纪以来，随着农产品流通体制改革和粮食收购市场的放开，我国逐步建立了新时期比较完整的农业支持体系，主要有四个方面内容：一是实施最低收购价和临时收储政策，在收购环节放开市场，取消保护价收购；二是取消农业税，并给予农民粮食直补、农资综合补贴、良种补贴和农业机构购置等补贴；三是实施以关税配额为主的农产品进出口调节制度；四是建立粮食、棉花等重要农产品的国家储备体系。这套新的农业保护体系建立以来，就能否有效增加农产品供给和促进农民收入，引起国内外学术界广泛关注和讨论。讨论的核心主要集中在粮食补贴政策的效果评估上，多数学者认为我国现行粮食补贴政策在粮食增产和农民增收方面取得了明显成效，但存在补贴范围广、方式间接和效果差等问题（程国强，2011；黄季焜 等，2015），调整的方向是对农民进行直接补贴。

就棉花补贴政策而言，由于棉花的农产品属性及在国民经济中所占的重要地位，全球主要棉花生产国都不同程度地对棉花采取了支持和保护措施，并构成各个国家不同的棉花支持政策体系（谭砚文，2008）。我国加入WTO后，主要通过两个领域对棉花产业进行财政补贴，一是生产领域，包括棉花良种补贴（2007年至今）和优质棉基地县建设基金（1994年至今）；二是流通领域，包括棉花临时收储政策（2011—2013年）、政策性储备贷款补贴（2001年至今）、出疆棉运费补贴（2008年至今）和棉花企业优惠贷款（1994年至今）。同时，通过关税配额管理和滑准税制度对棉花进口进行调控。

从各种棉花补贴的效果来看，多数研究认为我国现行的主要涉棉政策加重了财政压力，农民很少或完全没能得到补贴政策的好处。良种补贴政策有助于优化棉花品种结构，但这种补贴是按计税面积对农户进行补贴，补贴金额也较少，加上缺乏对其他如化肥、机械等生产资料的配套投入，不能充分调动农民植棉积极性，对提升棉花生产效率和单产水平的作用有限（Tan et al.，2013；关建波 等，2014）。2011年起连续3年实施的棉花临时收储政策，短期内对于稳定国内棉花价格发挥了重要作用，但这种政府直接参与的方式扭曲了棉花市场价格形成机制，加重了财政负担（王力，2018；谭砚文 等，2014）。在棉花贸易调控上，关税配额管理和滑准税制度在一定程度上起到平抑进口、稳定国内棉花价格的作用，但从实践来看，对保护棉农收益的作用并不明显，棉农一般在政府发放棉花滑准税配额之前就已将棉花售完，无法从配额发放之后上涨的棉价中受益（谭砚文，2008；张雯丽 等，2009）。临储制度的托市效应，加上棉花进口配额限制和国际棉价持续走低，使得我国棉花内外价差不断扩大（国家发改委学术委员会办公室课题组，2013），纺织企业因原料成本上升、国际竞争力下降而纷纷减产或停产，这些都直接影响到棉农的长远利益。因此，棉花补贴政策改革势在必行。

1.3.2 关于棉花目标价格政策实施效果的研究

2014年新疆目标价格改革试点实施以来，受到了国内外学者和机构的密切关注。目标价格改革是我国农业价格政策重大的机制性转变，自实施以来对市场形成机制、缩短国内外价差、保护棉农基本利益、完善市场调控体系、促进种植结构调整等方面产生了积极作用。

关于目标价格补贴政策对我国棉花市场和产业链的影响。棉花目标价格补贴政策的实施扭转了临时收储政策时期市场价与收储价之间的价差亏损（朱满德 等，2017），使国内棉花价格回归由市场配置（张杰 等，2016；秦中春，2016；刘艳梅，2016），对于建立棉花市场价格形成机制、提高产业竞争力作用明显（田立文 等，2015；刘宇 等，2016）。国产棉市场价格下降，与进口棉差价缩小，国内外棉花价格联动性加强，棉花价格步入市场化正轨（许祥云 等，2016；宋玉兰 等，2018；王利荣，2019）。目标价格补贴使得下游棉纺织行业获得原材料成本的低价优势（刘宇 等，2016；王力 等，2018），同时得益于中间品——棉纺织品价格下降，也刺激了出口导向型纺织服装业的出口创汇，提高了我国纺织品在国际市场上的竞争力（黄季焜 等，2015）。

关于目标价格补贴政策对棉农收益的影响。在劳动力、农资、土地等生产成本不断攀升、植棉比较收益低下的情况下，目标价格补贴一定程度上弥补了农户植棉亏损，尤其在种植结构调整有较大局限的地区，主产区棉农基本收益得到保障（杜珉 等，2015；王利荣 等，2015；柳苏芸 等，2015；朱满德 等，2017；王力 等，2018；王彦发 等，2019），契合少数民族地区和连片特困地区农户脱贫增收的迫切需求（卢冰冰 等，2017）。

关于目标价格补贴政策对种植结构调整的影响。自20世纪90年代开始，由于我国耕地、水等自然资源短缺，再加上散户植棉收益不断下降带来的种植意愿降低，我国棉花种植的空间布局重心由长江中下游和黄河流域向西北内陆新疆转移，其中新疆地区种植面积迅速增加，成为我国棉花种植面积最大的地区。目标价格补贴政策加速了棉花种植向优势区域集中的进程（贺超飞 等，2018；谭晓艳 等，2019）。取消临时收储政策后，黄河流域和长江流域棉农植棉意愿进一步下降，棉农将直接面临"不种棉花种什么"的问题。在棉花替代作物的选择上，除了玉米、小麦、稻谷等粮食作物，综合种植习惯、作物生长期、播种时间、气候土壤环境要求等因素，一些非粮作物如花生、大豆等油料作物和蔬菜、瓜果等园艺作物，也是农民种植结构调整的作物选择（胡雪梅，2014）。应对种植结构调整，地方政府如湖北省已出台《棉花产区种植结构调整意见》，明确提出了棉花种植结构调整的思路，为其他地区因地制宜调整种植结构提供了参考。

目标价格政策的弊端在于手续烦琐，财政成本和执行成本较高（黄季焜 等，2015；秦中春，2015），由于财政成本一定时期内需要通过税收调节，增加的财政负担部分最终会转嫁到工业及其他部门，以 2014 年为例，仅为单一品种的棉花目标价格补贴金额高达 277.06 亿元，占当年中央财政农林水总支出金额的 4.28%，经过测算，目标价格补贴带来的财政负担短期内会造成 0.02% 的 GDP 损失和 0.04% 的就业减少（刘宇 等，2016）。该政策前期设计的目标包括完善价格形成机制、保持供给稳定、保护新疆生态环境等多达 5 项，过多的目标使得政策实施难度加大，而且目标之间如发挥市场机制和保障农户收入，存在一定内在冲突，使得政策可持续性受到挑战（秦中春，2015；卢冰冰 等，2017）。

关于目标价格补贴政策执行过程和改革方向。目标价格的进一步实施，不仅需要积极稳妥地推进，目标价格水平的确定、补贴范围和补贴方式更需要基于较强的现实数据，进行全面、科学的测算。对于目标价格水平制定，应将成本利润率和粮棉比价相结合进行估算（杜珉 等，2015），下一步改革的方向应注重政策实施操作的精准性和有效性（朱满德 等，2017）。

1.3.3 述　　评

已有研究成果对我国主要棉花支持政策效果、目标价格政策实施进展和效果进行了深入研究，为本研究的顺利开展提供了可靠的理论和方法参考。现有对棉花目标价格政策效果的分析多集中在对棉花产业发展、市场价格形成等宏观效果评估方面。从棉农角度出发分析政策效果的研究以种植意愿为主，对收益变动的评估多采用成本收益比较的方法。相比之下，从直接利益相关者——农户视角出发，研究棉农的政策满意度，棉农收入波动、种植结构调整和生产技术效率受政策调整影响的定量研究比较缺乏。这方面研究的薄弱或不足为本研究留下了深入探讨的空间。

1.4　选题的价值和意义

从主产区棉农视角出发研究棉花目标价格改革的政策效果，所得到的结论将更为直接和客观。从主产区棉农对政策满意度、政策实施前后收益变化、种植结构调整、棉花生产技术效率四方面入手，全方位多角度评估政策实施效果，探讨转变和完善补贴方式，提高补贴政策的精细化、精准度，对完善我国棉花目标价格政策具有积极指导价值，同时也为粮食等其他农产品目标价格制度探索和改革提供理论参考。

1.5 研究目标

从微观层面定量评价棉花目标价格补贴政策实施效果、对主产区不同资源禀赋的棉农收入的作用，并提出未来目标价格补贴政策的改进方向；根据不同地区资源环境及生产方式的差异，研究提出主产棉区棉农种植业结构调整的路径；在吸收和借鉴国内外已有研究成果的基础上，结合我国棉花目标价格改革试点实践，总结试点实施的经验和问题，提出完善我国目标价格改革的对策建议。

1.6 主要研究内容

1.6.1 棉农对目标价格政策实施的满意度及其影响因素分析

主产区棉农对政策的满意度情况在很大程度上影响着政策实施效果和未来提升空间，通过实地调研测量棉农满意度，探寻影响棉农对目标价格政策满意度的主要因素，以期科学评估目标价格改革试点执行效果，为推动棉花目标价格政策的完善提供决策参考。

1.6.2 基于棉农收益视角的棉花目标价格补贴效果分析

保障主产区棉农基本收益是新疆棉花目标价格改革的主要政策目标之一。采用实证数学规划模型，基于新疆农户调查数据，模拟和评估不同假设条件下不同棉区、不同规模棉农的收益变化情况，提出相应政策建议。

1.6.3 政策调整和比较收益变化下的棉农供给决策和棉花生产分析

以棉花补贴政策和农户比较效益为核心变量，引入综合替代作物价格、棉花补贴政策及时间趋势虚拟变量，建立供给反应模型分析棉花市场价格、生产成本、比较收益变化等价格因素，以及国内棉花补贴政策调整、时间趋势等非价格因素对棉农生产决策的影响，以期为棉花产业发展及相关政策完善提供决策参考。运用双重差分方法，在区分了目标价格补贴政策试点和深化2个阶段的基础上，分别考察政策对棉花生产的影响，从而更能捕捉到政策的动态异质性，为完善目标价格补贴方式和推进新疆农业供给侧结构性改革提供参考。

1.6.4 政策调整对主产区棉花生产技术效率的影响

农业生产技术效率提高与否是评价农业补贴政策效果的重要指标，有必要对政策实施后新疆棉花生产技术效率进行分析和评价，从而为完善棉花目标价格补贴政策提供理论支撑和决策参考。测量和分解新疆及黄河流域和长江流域 9 省棉花全要素生产率及其构成，比较目标价格补贴政策实施前后各主产省（区）棉花生产全要素生产率的变化；进一步分析目标价格补贴政策对棉花全要素生产率的影响。

1.7 研究方法

（1）基本思路

本书遵循"现状分析—微观评价—政策模拟—对策建议"的递进研究思路，通过理论分析、案例调研、实证检验的方法，剖析目标价格补贴政策对棉花主产区棉农收入、种植结构调整，以及棉花生产效率的影响，分析并提出完善我国棉花目标价格补贴政策的对策建议。

（2）研究方法

本书的研究方法为实地调研与实证研究相结合。对于政策效果的评价，首先通过问卷调研了解实际情况，做出初步判断，再建立实证数据规划模型和计量经济模型对政策效果进行实证分析。

➢ 实地调研

在新疆棉花主产区选取若干调研样本，通过进村入户实地调研的方式，就棉花目标价格改革试点的实施进展，以及存在的问题、棉农满意度、棉农收入变动、种植意愿等内容进行问卷调研。问卷调研如表 1-1 所示，具体问卷内容详见附录 1。

表 1-1 问卷调研

类别	主要指标
农户基本信息	家庭规模、决策者受教育年限、劳动力数量、外出务工劳动力数量、耕地数量、外出务工收入、家庭经营收入、贷款等
棉花及其他作物种植情况	播种面积、产量、市场价格、化肥农药等物质费用投入、家庭劳动投入、雇工投入、土地投入、土地流转情况、作物补贴情况（分类统计）、减少或增加种植面积情况、运输成本等
目标价格补贴情况	政策满意度、补贴资金到位时间、每亩补贴数、补贴方式等

➢ 实证研究

对于棉农政策满意度的分析：采用多元有序逻辑斯谛模型（Logistic，全书同）来定量分析棉农对目标价格政策实施满意度的影响。

对于种植业结构调整的分析：以幼稚性价格预期的棉花局部均衡模型为基础，引入棉花与其构成替代关系的主要作物的经济效益之比，以及政策与地区虚拟变量，建立我国典型生产区域的棉花供给反应模型，模拟目标价格政策实施对不同区域棉花及替代作物种植面积的影响。以新疆为政策试点的准自然实验特征为例，运用双重差分方法，在区分了目标价格补贴政策试点和深化两个阶段的基础上，分别考察政策对棉花生产的影响，从而更能捕捉到政策的动态异质性，为完善目标价格补贴方式和推进新疆农业供给侧结构性改革提供参考。

对于棉花生产技术效率的影响分析：主要采用托宾两步法（DEA－Tobit，全书同）测量和评价目标价格补贴政策对主产区棉花生产技术效率的影响。

第 2 章
全球及我国棉花市场供需现状及展望

我国是全球第二大棉花生产国、第一大棉花消费国和进口国，同时也是全球最大的纺织品出口国，棉花在我国农业生产及整个国民经济中占有重要地位。根据FAO（联合国粮食及农业组织）数据，全球共有90多个国家（地区）种植棉花。近年来，随着全球经济一体化进程不断加深和全球纺织业布局调整，全球棉花产业格局呈现新的阶段特征。全球棉花市场发展与我国棉花供需息息相关，也是国内棉花政策调整的国际背景，需要从宏观角度分析全球棉花及中国棉花市场供需情况。

2.1 全球棉花种植区域分布

世界棉花生产区域主要分布在北纬38°～46°到南纬35°，按纬度划分可分为北带、中带和南带。北带在北纬46°～20°，包括亚洲、北美洲和欧洲产棉国，占全球棉花总产量的80%左右；中带在北纬20°～0°，包括非洲和南美洲北部产棉国，约占全球棉花总产量的10%；南带在南纬0°～30°，包括南美洲和大洋洲的产棉国，约占全球棉花总产量的7%。

根据FAO数据统计，截至2018年，在亚洲、美洲、非洲西部和大洋洲有90多个国家（地区）种植棉花，这4个洲的棉花生产面积占全球植棉面积的98.81%。亚洲自20世纪80年代起成为全球最大的棉花生产区域，主产国包括中国、印度、巴基斯坦、乌兹别克斯坦和土耳其等国，2000—2018年亚洲棉花的平均生产面积[①]为2 153.92万hm^2，占全球棉花总面积的65.61%。美洲是全球第二大棉花生产区域，棉花生产主要集中在美国、墨西哥，2000—2018年美洲棉花的平均生产面积为614.09万hm^2，占全球棉花总面积的18.71%。非洲西部产棉国主要包括贝宁、布基纳法索、喀麦隆、科特迪瓦、马里等国，棉花种植相对比较分散。2000—2018年非洲棉花的平均生产面积为441.47万hm^2，占全球棉花总面积的13.45%。近年来，西非产棉国由于受到国家政治形势的影响，棉花产量不稳定。大洋洲棉区主要集中在澳大利亚，2000—2018年大洋洲棉花的平均生产面积为34.52万hm^2，占全球棉花总面积的1.05%。

从国家（地区）分类来看（表2-1），全球95.4%的棉花面积集中在低收入缺粮国家、粮食净进口发展中国家、内陆发展中国家、最不发达国家等，可见棉花种植在广大发展中国家和欠发达国家农业生产中占有重要地位。

表2-1 全球主要植棉国（地区）分类情况

国家（地区）类别	收获面积（万hm^2）	占全球比重（%）
低收入缺粮国家（Low Income Food Deficit Countries）	1 752.73	54.06

[①] FAO（联合国粮食及农业组织）和USDA（美国农业部）数据库给出的棉花生产面积为收获面积，考虑到数据可获得性，本章也采用棉花收获面积来表示棉花生产规模。通常情况下，考虑到自然灾害对生产的影响，播种面积一般比收获面积多5%。

(续表)

国家（地区）类别	收获面积（万 hm²）	占全球比重（%）
粮食净进口发展中国家（Net Food Importing Developing Countries）	619.92	19.12
内陆发展中国家（Land Locked Developing Countries）	392.13	12.10
最不发达国家（Least Developed Countries）	327.33	10.10
小岛屿发展中国家（Small Island Developing States）	0.71	0.02

数据来源：FAO 数据库。

全球棉花生产区域比较集中，印度、中国、美国、巴基斯坦、乌兹别克斯坦、巴西、土耳其、澳大利亚是主要的棉花种植国家（杨莲娜，2015），2000—2018 年 8 个国家植棉面积占全球棉花总面积的 77.66%。棉花种植面积与各国和地区的气候变化、棉花补贴政策等紧密相关。2000 年以来，印度、巴西、澳大利亚棉花种植面积呈持续上升态势，其他 5 个国家均有不同程度的下降。印度是全球第一大棉花生产国，2000 年以来棉花种植面积以年均 1.94% 的速度持续增加，2000—2018 年平均棉花种植面积为 1 032.8 万 hm²；中国棉花种植面积居全球第二位，2000—2018 年平均棉花种植面积为 1 032.8 万 hm²；美国 2000—2018 年平均棉花种植面积为 1 032.8 万 hm²，居全球第三位，但从 2016 年起植棉面积开始超过中国。巴基斯坦、乌兹别克斯坦、巴西、土耳其、澳大利亚依次居全球植棉国家的第四至第八位。

2000—2018 年全球前八位主产国棉花收获面积如表 2-2 所示。

表 2-2　2000—2018 年全球前八位主产国棉花收获面积　　（单位：万 hm²）

年份	印度	中国	美国	巴基斯坦	乌兹别克斯坦	巴西	土耳其	澳大利亚
2000	857.65	404.10	528.20	292.75	144.45	81.52	65.42	46.43
2001	910.00	480.97	559.60	311.58	145.20	88.37	68.47	52.73
2002	766.97	418.42	502.50	279.36	142.10	76.82	72.11	40.90
2003	759.79	511.10	485.77	298.93	139.27	71.78	63.73	22.45
2004	878.66	569.30	528.40	319.26	145.63	115.71	64.00	19.81
2005	867.71	506.19	558.58	310.30	142.73	126.33	54.60	32.09
2006	914.20	581.57	515.26	307.49	144.82	89.93	58.97	33.55
2007	941.00	592.61	424.48	305.43	144.87	112.61	52.99	14.36
2008	941.00	575.41	306.30	281.99	142.50	106.43	49.49	6.27
2009	1 031.00	495.18	304.68	310.57	134.71	81.23	41.99	16.40
2010	1 114.20	484.90	432.97	268.91	134.25	83.01	48.04	20.83
2011	1 217.80	503.78	382.87	283.45	132.92	140.51	54.20	58.83
2012	1 198.00	468.81	377.24	287.88	130.83	138.19	48.85	59.65

（续表）

年份	印度	中国	美国	巴基斯坦	乌兹别克斯坦	巴西	土耳其	澳大利亚
2013	1 169.00	434.56	305.31	274.74	130.88	94.37	45.09	44.40
2014	1 308.30	422.23	378.26	296.13	130.11	112.94	46.68	39.00
2015	1 187.00	376.69	326.78	290.20	130.00	103.29	43.40	19.70
2016	1 083.00	337.61	384.77	248.90	126.51	99.62	41.60	28.04
2017	1 243.00	484.50	449.22	270.03	120.12	92.80	50.15	51.86
2018	1 235.00	335.44	426.16	237.30	110.82	115.00	51.86	48.51
平均值	1 032.80	472.81	430.39	288.17	135.41	101.60	53.77	34.52
比重	31.46	14.40	13.11	8.78	4.12	3.09	1.64	1.05
年均增长率（%）	1.94	-0.98	-1.12	-1.10	-1.38	1.83	-1.21	0.23

数据来源：FAO 数据库。

2.2 全球棉花市场供需现状分析

全球棉花市场供需局面随着主要产棉国产量、消费、贸易、库存的波动而变化。生产方面，印度是全球第一大棉花生产国，种植面积大，但单产较低；消费方面，中国成为全球第一大棉花消费国，印度、巴基斯坦等国的消费增速很快；棉花资源具有全球范围内配置的显著特征，进口方面，中国、土耳其、印度尼西亚、巴基斯坦和泰国位居全球棉花进口国的前五位，出口方面，美国、印度、澳大利亚、巴西、乌兹别克斯坦位居全球棉花出口国前五位；2000—2019 年多数年份的全球棉花库存消费比在 40%～50% 区间波动，均高于 30% 的安全水平，说明全球棉花库存较充足，供应量整体宽松；相对其他农产品，棉花消费弹性大、金融属性较强，受全球宏观经济、金融市场、居民收入等因素影响较大，2001—2019 年 Cotlook A 指数波动频繁。

2.2.1 全球棉花生产情况

2.2.1.1 棉花总产量变动趋势

2000—2019 年，全球棉花平均产量为 2 442.07 万 t，2019 年棉花产量涨跌互现，基本以 5 年为周期呈震荡上升趋势。2000 年以来，全球棉花总产量波动幅度较大（图 2-1），基本可以分成 4 个阶段：第一阶段（2000—2003 年），全球棉花产量大致在 2 000 万 t 的低位波动；第二阶段（2004—2008 年），全球棉花产量迅速增加到年均 2 600 万 t 的高位水平；第三阶段（2009—2014 年），在经历了短暂下滑后，全球棉花产量继续恢复到 2 600 万 t 的水平，并在 2011 年达到历史最高值 2 778.43 万 t；第四阶段（2015 年至今），2015 年全球棉花产量降低到 2 095.72 万 t 的低位，此后迅速反弹回到

2 600 万 t 的高位区间。

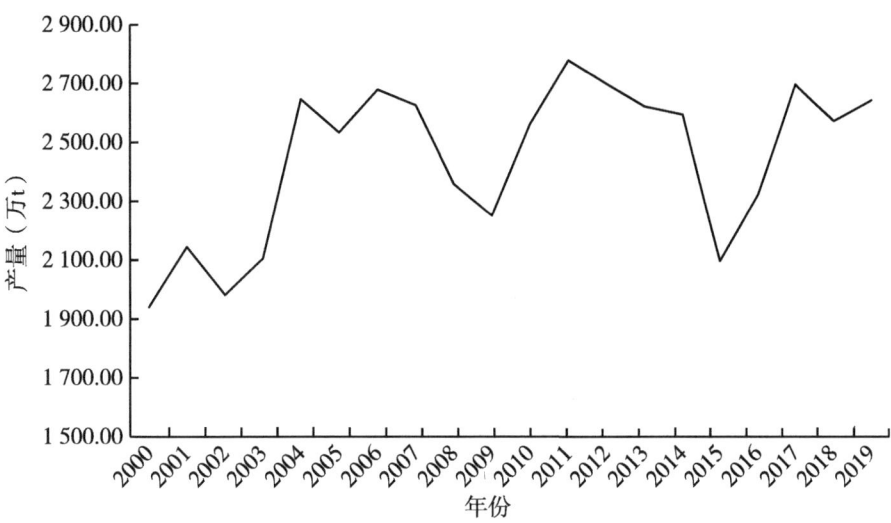

图 2-1　2000—2019 年全球棉花产量
(数据来源：美国农业部)

从主产国来看（图 2-2），中国、印度、美国 3 国棉花产量占全球棉花总产量的 61.57%。印度棉花产量增长迅速，从 2015 年起超过中国成为全球棉花产量最高的国家。巴西自 2015 年起棉花连年丰产，棉花产量持续增加，2019 年棉花产量居全球第四位。2019 年由于主产区遭受森林大火导致干旱加重，澳大利亚棉花减产严重，棉花产量仅为 14.61 万 t，跌至近年来最低值。

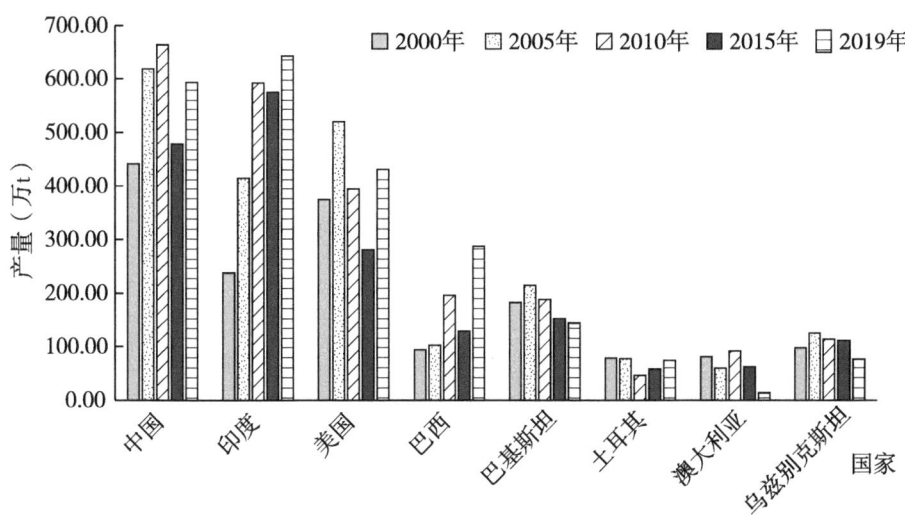

图 2-2　2000—2019 年全球主要产棉国棉花产量
(数据来源：美国农业部)

2.2.1.2 棉花单产变动趋势

受科技、投入、气候、自然灾害等影响，2000—2019 年全球棉花单产在频繁波动中整体呈上升态势（图 2-3）。从 2000 年的 606.08 kg/hm² 增长至 2019 年的 765.22 kg/hm²，增幅为 26.26%。全球棉花平均单产水平为 738.83 kg/hm²。

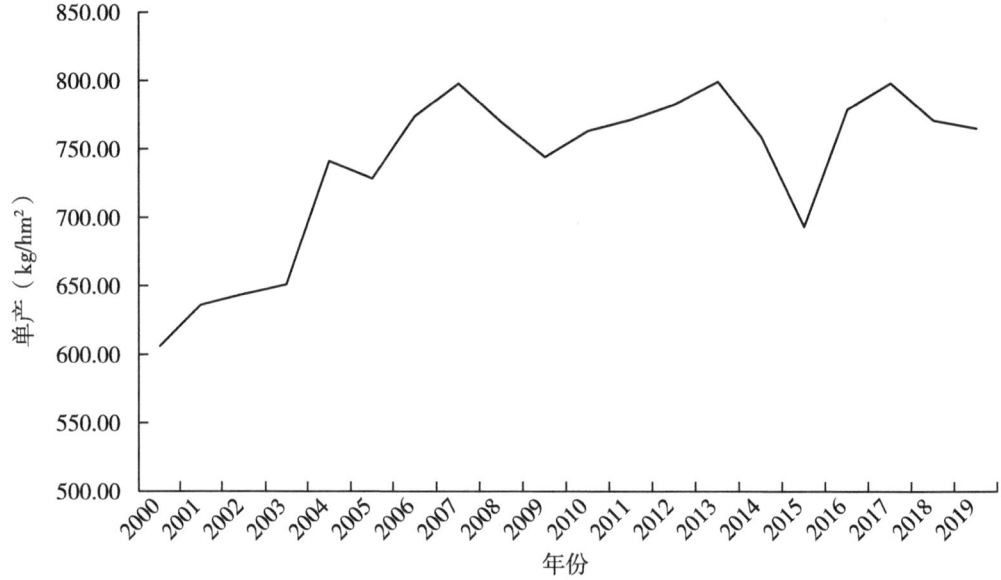

图 2-3　2000—2019 年全球棉花单产
（数据来源：美国农业部）

各主产国种植条件、生产投入、科技水平等要素相差悬殊，棉花单产水平差异较大，澳大利亚、土耳其、巴西和中国的棉花单产水平相对较高（图 2-4）。2000—2019

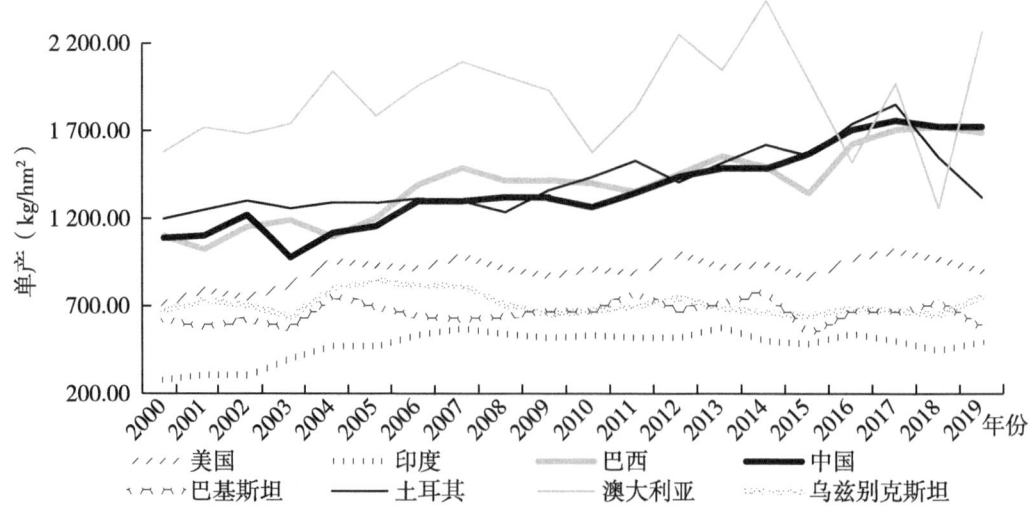

图 2-4　2000—2019 年全球主要产棉国棉花单产
（数据来源：美国农业部）

年棉花平均单产依次为 1 885.3 kg/hm²、1 416.25 kg/hm²、1 391.65 kg/hm² 和 1 370 kg/hm²。相比而言，澳大利亚棉花单产水平波动幅度较大，土耳其、巴西和中国的棉花单产水平呈平稳上升态势。美国、乌兹别克斯坦、印度和巴基斯坦棉花单产水平 20 年间基本保持平稳，印度和巴基斯坦棉花单产水平则远低于全球棉花平均单产水平。值得注意的是，印度虽然是全球棉花种植面积和产量最大的国家，但棉花单产水平只有 474.65 kg/hm²，在 8 个棉花主产国中处于最低水平。

2.2.2 全球棉花消费状况

受人口数量持续增长和消费者对天然纤维的偏好等影响（翟雪玲 等，2019），2000 年以来全球棉花消费量在波动中整体呈持续上升趋势。2000—2019 年，全球棉花消费量以年均 1.37% 的速度，从 1 975.97 万 t 上升至 2019 年的 2 595.32 万 t，涨幅为 31.34%。其中，2003—2011 年涨幅明显，2012 年以后全球棉花消费量呈平稳上升态势。

棉花消费量与各国（地区）纺织产业密切相关，澳大利亚和乌兹别克斯坦虽然是棉花生产大国，但国内纺织业并非主导产业或规模较小，棉花消费量相对较低。作为劳动密集型产业，纺织服装业近年来持续从劳动力成本较高的国家（地区）转向人力成本较低的国家（地区）（翟雪玲 等，2019），亚洲成为全球纺织业中心转移的承接地。中国、印度、巴基斯坦是亚洲乃至全球棉花消费量较高的国家（图 2-5），2000—2019 年棉花消费量占全球比重为 52.57%。美国和巴西分别居全球主要棉花消费国的第四、第五位。

图 2-5 2000—2019 年全球棉花消费量
（数据来源：美国农业部）

2.2.3 全球棉花贸易状况

棉花对光热条件和土壤水分有一定要求，并不适合在所有国家和地区都进行生产，其种植有明显的区域性特征。作为重要大宗商品，棉花贸易在全球农产品贸易中具有重要地位，全球有 150 多个国家和地区参与棉花贸易，形成了"一进一出，多方发展"的全球棉花贸易格局（闫庆华 等，2017）。2000—2019 年，全球棉花年均出口量为 806.88 万 t，占全球棉花总产量的 33.03%，表明棉花资源具有全球范围内配置的显著特征。随着天然纤维消费需求的增长，国际棉价持续上扬，2000—2019 年全球棉花进出口量整体上呈波动上升态势（图 2-6）。进口量和出口量波动趋势基本同步，其中 2004—2014 年波动幅度较大。

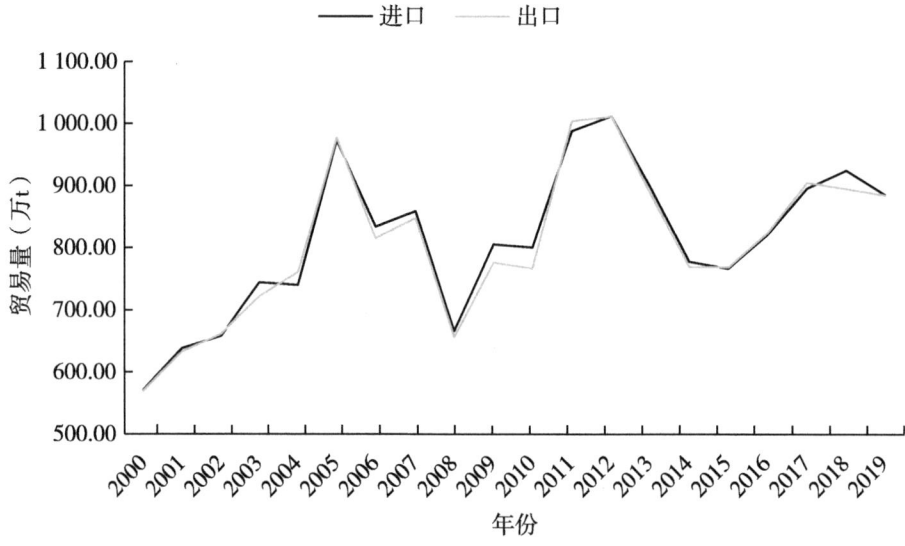

图 2-6　2000—2019 年全球棉花进出口量
（数据来源：美国农业部）

从主要国家棉花进口来看（表 2-3），中国、土耳其、印度尼西亚、巴基斯坦和泰国居全球棉花进口国的前五位，2000—2019 年五国棉花进口量占全球总进口量的 51.23%。这五个国家是传统的纺织品生产大国，印度尼西亚和泰国棉花产量极少，棉花消费主要依赖于进口，棉花进口量占消费量的 95% 以上。土耳其、中国和巴基斯坦是棉花主产国，但产销缺口需要大量进口棉花予以补充，这 3 个国家棉花进口量占消费量的比重分别为 50.3%、25.13% 和 17.91%。

表 2-3　2000—2019 年全球主要国家棉花进口情况

年份	中国	土耳其	印度尼西亚	巴基斯坦	泰国
2000	5.01	38.28	57.70	10.23	34.25
2005	419.86	76.22	47.90	35.16	41.19

(续表)

年份	中国	土耳其	印度尼西亚	巴基斯坦	泰国
2010	260.81	72.94	56.61	31.42	38.15
2015	95.93	91.84	64.03	71.85	27.76
2019	163.29	87.09	63.14	80.56	19.05
平均进口量（万t）	188.98	73.27	57.88	45.84	32.08
占全球比重（%）	25.42	9.06	7.28	5.23	4.24
进口量/消费量（%）	25.13	50.30	96.14	17.91	95.98

数据来源：美国农业部。

从主要国家棉花出口来看（表2-4），美国、印度、澳大利亚、巴西、乌兹别克斯坦居全球棉花出口国前五位，2000—2019年五国棉花出口量占全球棉花总出口量的69.98%。这五个国家也是全球主要棉花生产国，澳大利亚和美国棉花产量的94.42%和68.51%用于出口，本国消费较少；印度、巴西和乌兹别克斯坦生产的棉花在满足本国纺织产业消费时，一部分也用于出口，其中巴西和乌兹别克斯坦棉花出口量占产量的比重在50%上下。

表2-4 2000—2019年全球主要国家棉花出口情况

年份	美国	印度	澳大利亚	巴西	乌兹别克斯坦
2000	146.75	2.05	84.98	6.86	75.11
2005	384.78	80.01	62.79	42.93	104.51
2010	313.00	108.86	54.43	43.54	57.70
2015	199.28	125.50	62.05	93.93	54.43
2019	326.58	71.85	26.13	187.24	6.53
平均出口量（万t）	274.08	77.65	58.08	74.90	59.66
占全球比重（%）	34.86	11.62	8.00	7.74	7.76
出口量/产量（%）	68.51	15.77	94.42	46.35	57.01

数据来源：美国农业部。

2.2.4 全球棉花库存状况

棉花库存量是判断棉花供应充足与否的重要指标。2000—2019年全球棉花库存以年均3.10%的增速从2000年的1 078.71万t增长到2019年的1 987万t，2011—2017年库存量波动幅度较大。进一步从库存消费比来看，2000—2019年多数年份的全球棉花库存消费比在40%~50%的区间波动（图2-7），均高于30%的安全水平，说明全球棉花库存较充足，供应量整体宽松。

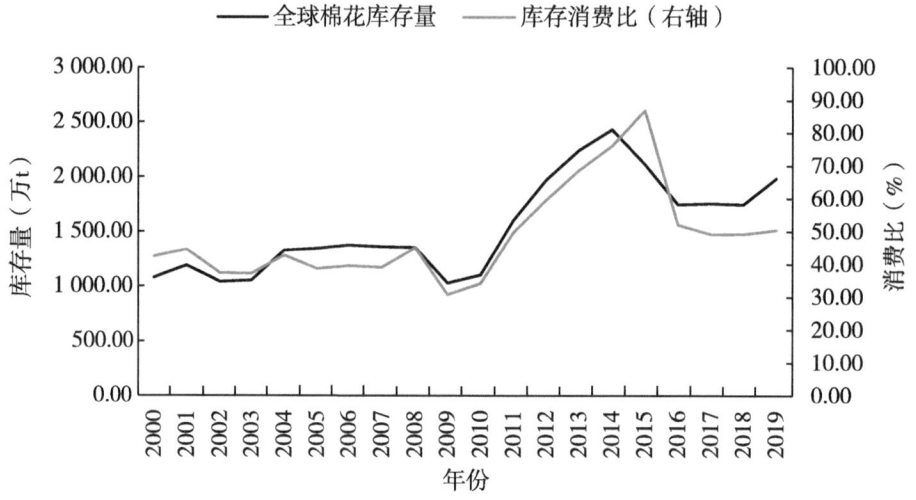

图 2-7 2000—2019 年全球棉花库存量及库存消费比
（数据来源：美国农业部）

分国别来看，中国、印度、巴西、美国、巴基斯坦是全球棉花库存量较高的前五位国家（图 2-8），2000—2019 年 5 个国家的棉花平均库存量占全球棉花库存量的 77.7%。其中，中国库存量相对较高，尤其是 2011—2013 年临时收储期间，棉花库存量一度达到历史峰值 1 457 万 t，此后处于不断去库存的趋势。

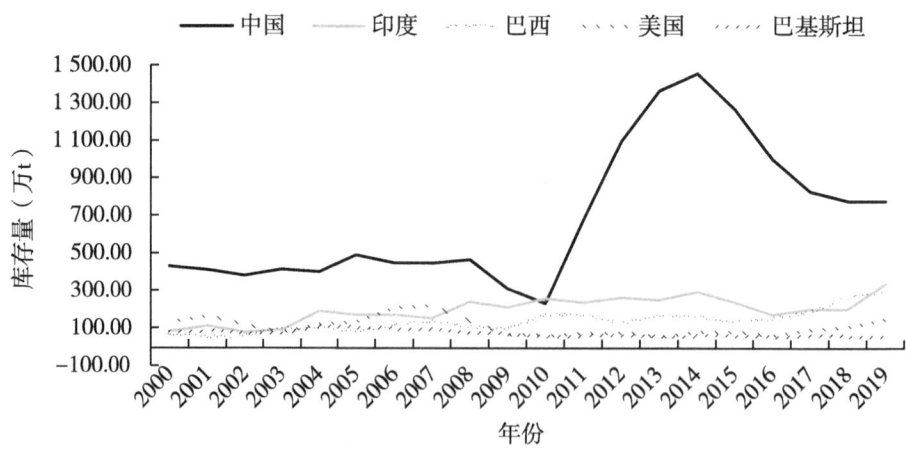

图 2-8 2000—2019 年全球主要国家棉花库存量
（数据来源：美国农业部）

2.2.5 全球棉花价格

相对其他农产品，棉花消费弹性大、金融属性较强，受全球宏观经济、金融市场、居民收入等因素影响较大（翟雪玲 等，2019），市场价格波动幅度较大。2001—2019

年，Cotlook A 指数波动频繁，以年均 3.1% 的增速从 2001 年的 42.28 美分/磅上涨到 2019 年的 77.83 美分/磅，平均价格为 75.89 美分/磅，曾于 2011 年达到历史最高点 154.04 美分/磅，于 2012 年逐步回到 80 美分/磅上下的水平（图 2-9）。

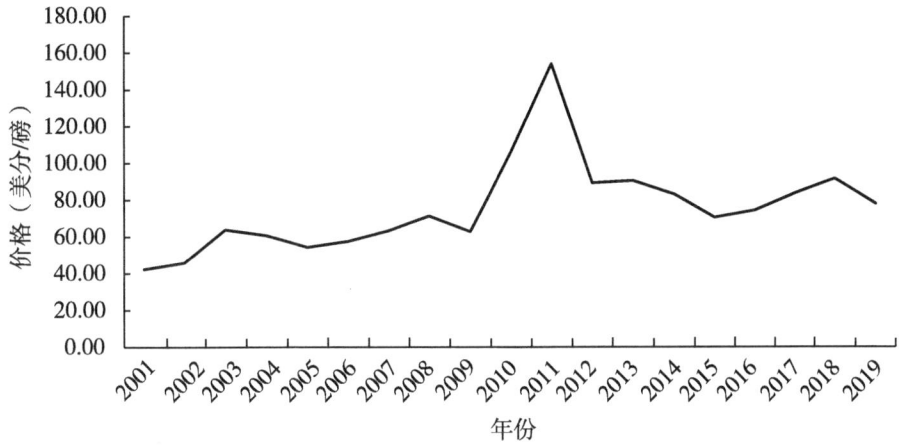

图 2-9 2001—2019 年全球棉花价格①

（数据来源：中国棉花协会）

2.3 全球棉花产业格局的特点及展望

2.3.1 全球棉花产业格局的主要特点

生产方面，全球棉花生产区域比较集中，印度、中国、美国、巴基斯坦、乌兹别克斯坦、巴西、土耳其、澳大利亚是全球棉花种植面积居于前八位的国家。棉花种植面积与各国和地区的气候变化、棉花补贴政策等紧密相关。2000 年以来，印度、巴西、澳大利亚的棉花种植面积呈持续上升态势，其他 5 个国家均有不同程度的下降。受科技、投入、气候、自然灾害等影响，全球棉花单产在频繁波动中整体呈上升态势。各主产国种植条件、生产投入、科技水平等要素相差悬殊，棉花单产水平差异较大，澳大利亚、土耳其、巴西和中国的棉花单产水平相对较高。

消费方面，受人口持续增长和消费者对天然纤维的偏好等影响，2000 年以来，全球棉花消费量在波动中整体呈持续上升趋势。棉花消费量与各国（地区）纺织产业密切相关。作为劳动密集型产业，纺织服装业近年来不断从人工成本较高的国家（地区）转向人工成本较低的国家（地区），亚洲成为全球纺织业中心转移的承接地。

贸易方面，棉花资源具有全球范围内配置的显著特征，随着天然纤维消费需求的增

---

① 全球棉花价格采用业内普遍认可的 Cotlook A 指数，该指数由国际棉花咨询委员会（ICAC）编制和发布。

长，2000—2019年全球棉花进出口量整体上呈波动上升态势。中国、土耳其、印度尼西亚、巴基斯坦、泰国等国家需要大量进口棉花以满足国内纺织业发展。美国、澳大利亚的棉花产量多用于出口，本国消费很少，印度、巴西和乌兹别克斯坦生产的棉花在满足本国纺织产业消费时，一部分也用于出口。

库存和价格方面，2000—2019年多数年份的全球棉花库存消费比在40%～50%的区间波动，均高于30%的安全水平，说明全球棉花库存较充足，供应量整体宽松。相对其他农产品，棉花消费弹性大、金融属性较强，受全球宏观经济、金融市场、居民收入等因素影响较大，2001—2019年Cotlook A指数波动频繁。

2.3.2 全球棉花产业格局展望

棉花生产向亚洲和美洲地区集中，产量和单产会随着主产国气候和政策变化而波动。考虑到棉花出口对经济的促进作用，其他主产国（地区）近年来也采取一系列措施激励国内棉花生产，如西非主要产棉国马里2019年出台"2020—2025棉花战略发展"倡议，计划在2025年国内籽棉产量超过100万t。布基纳法索、塞内加尔也决定通过加大价格补贴、为棉农提供信贷支持等途径推动棉花生产。

棉花消费区域继续向有劳动力成本优势的纺织业发展大国集中，棉花消费量受全球经济增长速度放缓和化纤制品替代增强的影响，未来5年预计将在目前2 600万t上下的消费水平波动。

棉花贸易未来受各主产国产量、纺织业发展、贸易关系、贸易政策等变化而加剧波动。例如，2019年受干旱和火灾影响，澳大利亚棉花产量锐减，直接影响2020年甚至2021年棉花出口；为满足本国纺织业用棉需求，乌兹别克斯坦从2020年起取消棉花出口；中美经贸磋商第一阶段协议如何落实、第二阶段将如何发展，关系到中美棉花贸易的走向；越南、孟加拉国、柬埔寨、印度尼西亚等国由于人工成本优势，快速扩张的纺织业会增加原棉消费需求，从而增加棉花进口。

目前，全球棉花市场供给整体宽松，从"累库存"转向"去库存"，未来5年预计仍将维持这一态势。棉花价格未来随全球经济贸易环境、供求关系、汇率等因素影响而波动。2020年，受新型冠状病毒肺炎疫情的影响，全球棉花价格持续走低，未来5年棉花市场价格预计将呈"恢复—波动—缓慢上涨"的趋势。

2.4 我国棉花种植区域分布

根据棉花种植自然生态条件、种植面积和产量情况，可将我国棉花生产区域划分为黄河流域、长江流域和西北内陆三大棉区。改革开放以来，我国棉花生产布局经历了由南向北转移（20世纪80年代）—"三足鼎立"（20世纪90年代）—新疆"一枝独秀"（自20世纪90年代中期起）的变化过程。我国棉花种植区域持续向新疆地区集中，自2014年实施的新疆棉花目标价格改革试点加速了区域集聚的过程。目前，新疆地区是我国棉花种植面积最广、总产量最多、单产水平最高的地区，2019年新疆棉花播种面积和产量分别占全国的比重为76%和84.9%。

根据国家统计局数据，1979年我国共有21个省（区、市）种植棉花，到2019年棉花生产区域减少至16个，还有部分省（区、市）如山西、浙江、广西、四川、陕西的棉花种植面积在1万 hm² 以下。黄河流域和长江流域棉区生产棉花主要有河北、河南、山东、甘肃、江苏、安徽、江西、湖北、湖南9个省（表2-5），其他省（区、市）棉花面积为零或很少。

表2-5 2019年我国棉花主产区产量及分布情况

棉花主产区	播种面积（万 hm²）	占全国比重（%）	分布地区
黄河流域	42.63	12.77	河北、河南、山东、甘肃
长江流域	34.03	10.19	江苏、安徽、江西、湖北、湖南
新疆棉区	254.05	76.08	新疆

数据来源：国家统计局。

自20世纪80年代以来，长江流域和黄河流域棉区棉花种植面积逐渐萎缩，其中长江流域植棉面积下降速度尤为显著，新疆棉区种植面积以年均6.69%的增速持续上升，2019年黄河流域和长江流域棉区植棉面积仅占全国总面积的22.96%，新疆棉区种植面积占比为76.08%。棉花种植进一步向优势区域——新疆棉区集中。2019年新疆棉花产量为500.2万 t，同比虽下降2.1%，但占全国棉花总产量仍达85%。作为全国优质棉生产基地，新疆棉花种植面积、单产、总产连续25年居全国第一位。黄河流域棉区和长江流域棉区受比较效益和农业结构调整等因素影响，2019年棉花种植面积同比分别减少2.8万 hm² 和3.2万 hm²，平均降幅为7.5%。详见图2-10。

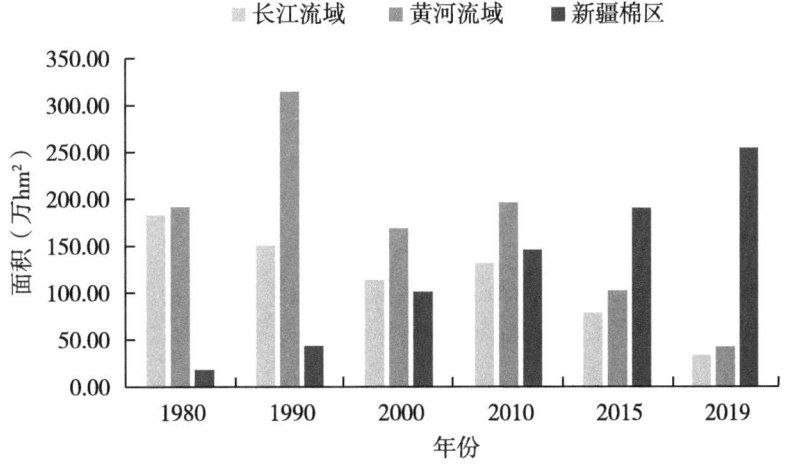

图2-10 1980—2019年我国棉花主产区种植面积
（数据来源：国家统计局）

新疆作为我国目前最大的棉花主产区,积极发展棉纺织产业。2017年12月发布的《新疆维吾尔自治区纺织工业"十三五"发展规划》提到,受制于高端人才集聚能力等因素,新疆纺织服装产业在设计研发、营销策划、高端咨询服务等方面的发展明显滞后。新疆发展棉纺织业的目标是到2020年,工业总产值达到1 500亿元,年均增速超过40%;工业增加值达到380亿元,年均增速超过45%。棉纺织产业成为新疆优势资源转换的传统支柱产业和重要的民生产业,更是新疆提高就业容量和就业水平的基础产业。

2.5 我国棉花市场供需现状分析

2.5.1 我国棉花生产情况

受水土资源条件约束、生产成本持续上涨、植棉比较效益下降等因素影响,自2000年以来我国棉花播种面积在波动中整体呈下降趋势(图2-11),以年均0.95%的速度从2000年的404.12万hm²下降到2019年的333.92万hm²。相比种植面积,总产量波动幅度更大,整体呈上升趋势,以年均1.45%的速度从2000年的441.7万t上涨到2019年的588.9万t。棉花总产量的上升主要得益于单产水平的提高。随着科技对棉花产出增长的贡献率不断提升,2000年以来我国棉花单产水平持续提升(图2-12),在全球排名从2001年"入世"初的第7位上升到2019年的第一位,年平均单产为1 384.8 kg/hm²,是全球平均单产的1.9倍。根据国家统计局数据,2019年全国棉花总

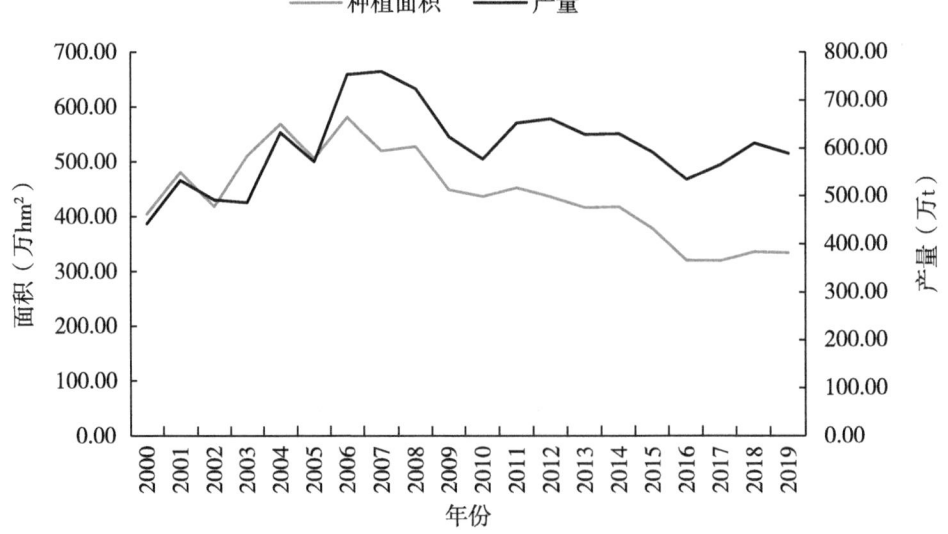

图2-11 2000—2019年我国棉花生产情况
(数据来源:国家统计局)

产量588.9万t,比上年减少21.3万t,降幅为3.5%;棉花种植面积为333.9万hm²,比上年减少1.5万hm²,降幅为0.5%。棉花单产1 763.7kg/hm²,比上年减少55.6 kg/hm²,降幅为3.1%。由于在作物生长关键期内自然灾害频发,新疆及湖北、山东等主要产棉区的棉花单产均有不同程度的下降。从区域来看,棉花种植进一步向优势区域——新疆棉区集中。2019年,新疆棉花产量为500.2万t,同比虽下降2.1%,但占全国棉花总产量仍达85%。作为全国优质棉生产基地,新疆棉花种植面积、单产、总产连续25年居全国第一位。黄河流域棉区和长江流域棉区受比较效益和农业结构调整等因素影响,2019年的棉花种植面积同比分别减少2.8万hm²和3.2万hm²,平均降幅为7.5%。

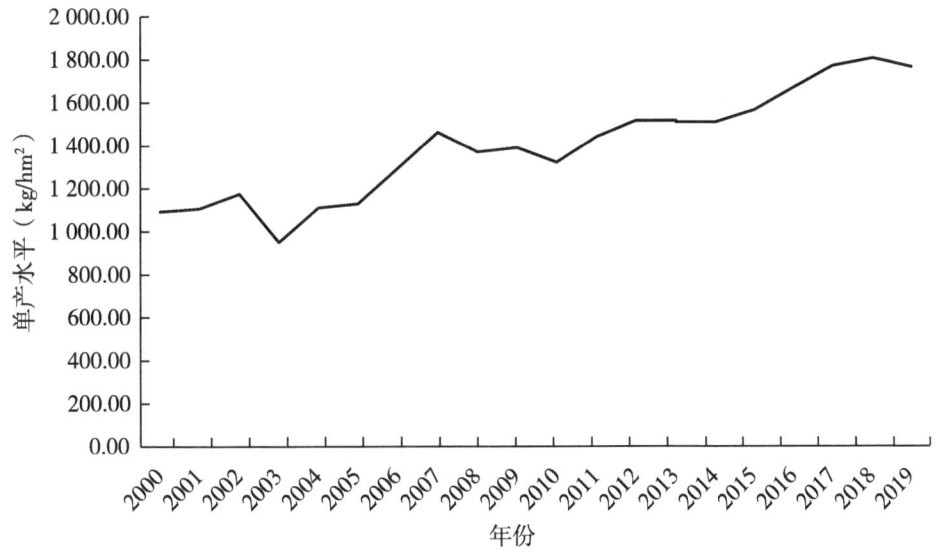

图2-12　2000—2019年我国棉花单产水平

(数据来源:国家统计局)

2.5.2　我国棉花消费状况

棉花既是重要的纤维作物,是纺织工业不可或缺的天然原料,也可作为食用植物油的原料来源。棉花的主产品是棉纤维,副产品是棉籽(约占籽棉产量的67%),主副产品都具有较高的经济价值和利用价值。以消费用途分类,棉花消费可分为纺织服装工业用途、军需民用、食用及饲用消费、消费损耗等(史建伟 等,2004;中国农业科学院,2018)。棉花消费的用途结构和消费总量是动态变化的,棉花消费的主体是纺织工业消费,占总消费量的90%以上,军需民用消费、副产品的食用及饲用消费,以及损耗占总消费量的比例不到10%。

国内棉花消费量可以由纺纱量来表征,从地区分布来看,我国纺纱量较高的地区仍集中在长江流域和黄河流域,其中山东、江苏、湖北3个省份的纺纱量位居全国前列(中国农业科学院,2018),根据国家统计局数据,2019年3个地区的纱产量分别为

311.12万t、297.28万t和288.24万t，占全国总量的10.7%、10.2%和10%。新疆地区的纱产量为154.4万t，占全国总量的5.3%。为促进劳动力转移就业和经济社会稳定发展，近年来新疆大力发展纺织服装业，年度1/3的新疆棉产量可以实现就地消化。根据《新疆纺织服装产业发展规划（2018—2023）》，到2023年新疆的棉纺产能将达到2 000万锭规模。

在经历"入世"初期（2000—2006年）的高速增长后，随着国内棉花生产成本攀升、内外棉价差拉大、化纤等替代品价格走低等因素影响，国内棉花消费量整体在波动中走低，但中国仍然是全球最大棉花消费国，2019年棉花消费量在全球占比为29.02%（图2-13）。在全球经济增长放缓和中美经贸摩擦背景下，国内棉花下游市场需求走弱，具体表现在以下方面。一是终端纺织服装市场萎缩，出口增速持续下滑。限额以上服装鞋帽针纺织品零售额每月增速均达到历史同期最低值。海关数据显示，2019年中国纺织品服装出口2 715.67亿美元，同比下降1.9%。2019年9月1日，美国对中国包括服装和家用纺织品在内的价值3 000亿美元商品加征关税，当月中国纺织品服装对美国出口额下降20.1%，对全球出口额下降4%。随着中美经贸磋商释放积极信号，12月单月中国纺织品服装出口趋势扭转。二是中端纱、布市场面临巨大挑战，产量下降、价格走低、库存高企。国家统计局数据显示，2019年中国纱产量为2 892.1万t，同比下降1.8%；布产量为456.9亿米，同比下降13.1%。受原料价格下行及下游需求疲软影响，纱价和棉布价格继续下滑。由于销售降温，棉纱和布库存大幅积压。国家棉花市场监测系统数据显示，2019年被抽样调查企业棉纱月平均库存24.7天，最高值为28.7天，同比增加13.7天；棉布库存平均为50.1天，最高值为50.4天，同比增加16.7天。除产业

图2-13 2000—2019年国内棉花消费量

（数据来源：国家棉花市场监测系统）

链下游需求低迷的抑制作用，国内棉花消费需求也受到了外纱进口的挑战，由于越南、印度、巴基斯坦等国棉纱价格竞争优势明显，质量不断提高，外纱进口挤占了一部分国内棉花消费。

2.5.3 我国棉花贸易状况

加入 WTO 以来，我国棉花消费缺口持续加大，需要大量进口棉花予以补充（图 2-14）。我国是棉花净进口国，出口量近年来年均为 4 万～6 万 t，棉花贸易以进口为主。受消费需求快速增加的拉动，棉花进口量以年均 20.28%的速度从 2000 年的 4.6 万 t 持续增长到 2019 年的 184.9 万 t。棉花进口方式以一般贸易、海关特殊监管区域与境外之间进出的物流货物（包括物流货物及仓储货物）和保税仓库进出境货物为主，2019 年分别进口 61.6 万 t、53.3 万 t 和 47.4 万 t，分别占中国棉花进口总量的 33.3%、28.8% 和 25.6%。从进口国结构来看，我国棉花进口来源地集中在美国、澳大利亚、巴西、乌兹别克斯坦、印度等国。受中国对美棉花等相关进口商品加征反制关税和巴西连年丰产的影响，2019 年我国棉花进口来源国结构较往年有明显调整，美棉进口比例显著下降至近 20 年以来的最低值，巴西成为棉花进口第一来源国，占棉花进口总量的 27%，其他依次为澳大利亚（21.5%）、美国（19.5%）、印度（11.2%）、乌兹别克斯坦（4%），5 国棉花进口合计占我国棉花进口总量超过八成。

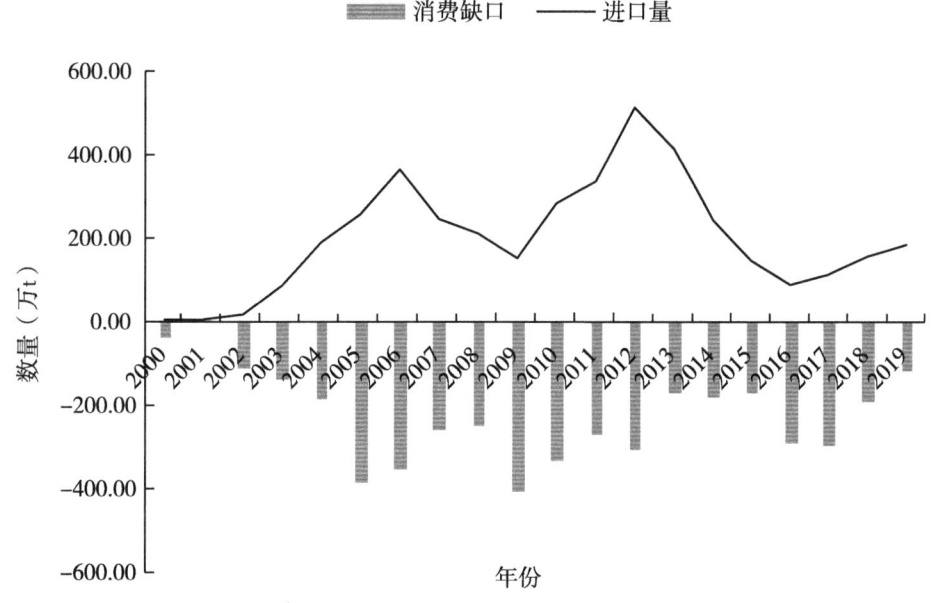

图 2-14 2000—2019 年我国棉花进口量及消费缺口
（数据来源：中国海关总署，国家棉花市场监测系统）

2.5.4 我国棉花库存状况

2000年，我国棉花库存为436.49万t，占全球棉花总库存的比重为40.46%。2011—2013棉花临时收储期间，由于国内外棉花价差倒挂严重，"进口棉入市，国产棉入库"造成棉花库存高企。2014年，我国结束实施三年的临时收储政策，进行新疆棉花目标价格改革试点，2015年，我国棉花供给侧结构性改革开始实施，通过一系列如收紧滑准税、适时抛储等举措，加速了我国棉花"去库存"步伐。在棉花"去库存"时期，我国棉花库存以年均10.29%的速度从2014年的1 209.29万t的历史高位下降至2019年的630.54万t，降幅高达47.86%，我国棉花"高库存"时期基本告一段落。从反映棉花供给水平的库存消费比来看，除了部分年份在20%～30%的低位区间波动外，其他年份均高于美国农业部和国际棉花咨询委员会提出的30%左右的安全水平（图2-15）。

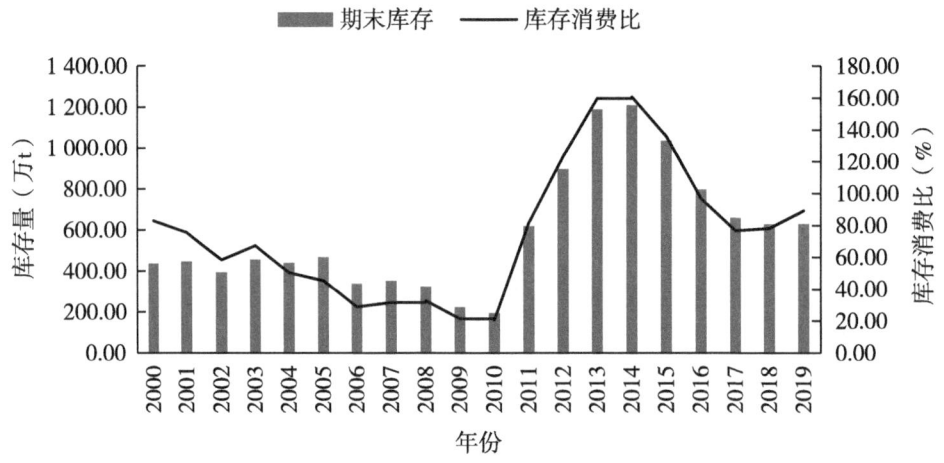

图2-15　2000—2019年我国棉花库存及库存消费比
（数据来源：国家棉花市场监测系统）

2.5.5 我国棉花市场价格状况

2002年以来，我国棉花价格3128B指数波动明显（图2-16），按波动特征基本可分为3个阶段。第一阶段（2002—2009年），我国棉花价格3128B指数在12 000～15 000元/t的区间波动。第二阶段（2009—2014年），2008年国际金融危机爆发，主要经济体经济增速下滑明显，受此影响，国内棉花市场价格波动幅度加大，2011—2013年受临时收储政策的托底，国内棉花市场价格高涨，在2011年一度达到历史峰值23 736.66元/t，之后持续下跌至2014年的17 040.1元/t。第三阶段（2015年至今），2014年开始实施的棉花目标价格改革试点将价格形成交给市场，国内外棉花市场联动性加强，国内棉花价格开始回落，2015—2019年我国棉花价格3128B指数在12 000～15 000元/t的区间波动。

第 2 章
全球及我国棉花市场供需现状及展望

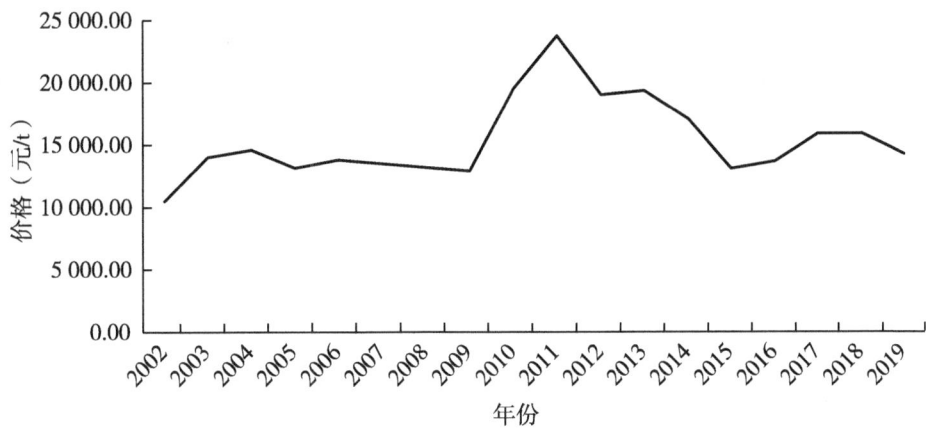

图 2-16　2002—2019 年我国棉花价格指数（3128B 级）
（数据来源：国家棉花市场监测系统）

2.6　我国棉花市场供需展望（2020—2029 年）

2.6.1　总体判断

未来 10 年，我国棉花产量整体预计将呈稳中略降趋势。2020 年棉花产量预计为 601 万 t，同比增加 2.1%；2025 年预计为 597 万 t，与基期（2017—2019 年 3 年平均，以下同）相比增加 1.4%；2029 年预计为 582 万 t，与基期相比下降 1.0%[①]。受国内劳动力和土地成本持续上升、植棉比较效益降低、产业链下游消费低迷等因素影响，中长期中国棉花种植面积呈稳中趋降态势。我国棉花单产继续保持较高水平。

棉花消费量整体预计呈下降趋势。2020 年，我国棉花消费量预计为 793 万 t，比 2019 年下降 2%；2025 年预计为 758 万 t，比基期下降 8.6%；2029 年为 725 万 t，比基期下降 12.5%。由于国内纺织产能基础和质量不断提升，我国作为全球最大消费国的地位不会改变，但受全球经济增速放缓、贸易保护主义抬头、劳动力成本不断攀升、东南亚新兴国家竞争、纺织原料替代品市场发展等因素影响，中长期我国棉花消费预计呈下降态势。

棉花贸易预计仍保持净进口格局，进口规模将呈下降趋势。2020 年，我国棉花进口量预计为 170 万 t，比 2019 年减少 8.1%；2025 年预计为 157 万 t，比基期增加 2.8%；2029 年预计为 145 万 t，比基期下降 5.0%。未来，原棉进口会增加中高端棉部分以补充国内消费缺口。进口结构预计将会随我国国内产业需求调整及主要产棉国出口价格变化而变化。

---

① 数据来源：农业农村部市场预警专家委员会《中国农业展望报告（2020—2029）》，后同。

未来,棉花市场价格阶段性波动会加剧。2020 年,在全球棉花供给宽松,纺织品消费走低背景下,国内棉花消费预计将下降,棉花市场价格将在低位振荡运行。展望后期,不容乐观的全球经济增长前景和严峻复杂的经贸局势将加剧棉花市场价格阶段性波动。

2.6.2 生产展望

未来 10 年,我国棉花的播种面积和产量整体预计将呈下降趋势。2020 年棉花种植面积预计为 332 万 hm^2,同比下降 0.5%;2025 年为 322 万 hm^2,与基期相比下降 2.3%;2029 年为 312 万 hm^2,与基期相比下降 5.4%。2020 年,受近年籽棉收购价格下跌影响,国内棉农植棉意愿下降,预计棉花播种面积将小幅减少。从中长期看,国内棉花种植面积呈稳中趋降态势。一方面,受劳动力和土地成本持续上升、植棉比较效益降低影响,棉农植棉意愿会持续走低;另一方面,产业链下游消费低迷将通过籽棉收购价格走低继续向上游棉花生产传导。

棉花单产预计将继续保持较高水平。2020 年我国棉花单产预计为 1 815 kg/hm^2,比 2019 年提高 2.6%;2025 年为 1 845 kg/hm^2,比基期提高 3.7%;2029 年为 1 860 kg/hm^2,比基期提高 4.6%。目前,我国棉花单产已处世界领先水平,基期棉花单产水平为 1 785 kg/hm^2,是世界平均单产水平的两倍,未来将继续保持这一水平,并随主产区产业化水平的提高略有提升。

棉花产量总体预计呈稳中略降趋势。受单产水平支撑,2020 年我国棉花产量预计为 601 万 t,比 2019 年提高 2.1%;2025 年为 597 万 t,比基期提高 1.4%;2029 年为 582 万 t,比基期下降 1.0%。在全球高品质原棉紧缺的大背景下,我国在保障棉花供给的同时,将更注重质量品质。

从区域看,新疆棉区作为全国最大的优质棉生产基地,未来随着机采率提高、规模化和专业化生产范围的扩大及政策的扶持,棉花种植面积和产量预计会相对稳定,黄河流域和长江流域棉区则受比较效益影响,植棉面积将进一步萎缩。

2.6.3 消费展望

未来 10 年,我国棉花消费量整体呈下降趋势。2020 年我国棉花消费量预计为 793 万 t,比 2019 年下降 2%;2025 年为 758 万 t,比基期下降 8.6%;2029 年为 725 万 t,比基期下降 12.5%。国内棉花消费增长动力主要来自下游棉纺织产业,在世界经济增速放缓、贸易保护主义抬头等多重压力下,我国纺织品服装出口受阻局面难有改进;由于劳动力成本不断攀升,我国纺织业失去成本优势,东南亚新兴国家则以低廉人工成本、低关税优惠等优势加速竞争世界纺织产业布局,竞争优势凸显;纺织原料替代品市场发展迅猛,未来随着消费习惯多元化和服装设计需求调整,化纤制造业将进一步以低成本和科技创新优势挤占原棉市场;全球棉花供求未来预计仍呈整体宽松趋势,外棉和外纱阶段性价格优势明显。这些因素都决定了中长期中国棉花消费将呈下降态势,但由于国内纺织产能基础和质量不断提升,我国作为全球最大棉花消费国的地位不会改变。

2.6.4 贸易展望

未来10年，我国棉花贸易预计仍保持净进口格局，进口规模将呈下降趋势。2020年我国棉花进口量预计为170万t，比2019年减少8.1%；2025年为157万t，比基期增加2.8%；2029年为145万t，比基期下降5.0%。未来国内棉花消费需求将下降，棉花进口规模相应减少。我国棉花供给主要由产量、中央储备量和进口量构成，在不断去库存、产不足需形势下，进口棉仍是满足原棉消费需求的重要补充，尤其对"无三丝"、长绒棉等优质进口棉仍存在较高的依赖度，未来原棉进口将会增加中高端棉的部分以补充国内消费缺口。进口结构预计将随我国国内产业需求调整及主要产棉国出口价格变化而变化并呈多元化趋势，同时随着纺织产能转移，进口纱线或挤占部分原棉进口。

2.6.5 价格展望

未来棉花市场价格阶段性波动预计将会加剧，国内棉花市场化机制逐步完善，棉花市场价格与国际市场的联动性进一步加强。除受国内棉花市场供需关系影响外，中国棉花价格将更多受国际贸易形势和全球棉花市场供需影响，国内外价格指数走势趋同。2020年在全球棉花供给宽松、纺织品消费走低背景下，国内棉花消费预计呈下降态势，棉花市场价格将在低位震荡运行。不容乐观的全球经济增长前景和严峻复杂的经贸局势，将加剧棉花市场价格的阶段性波动。

2.7 小 结

全球棉花供需与我国棉花市场发展息息相关，需要从宏观角度分析全球棉花产业格局调整下的中国棉花市场。本章通过对全球主要产棉国和我国国内棉花市场生产、消费、贸易、库存等方面的分析，总结2000—2019年全球及国内棉花市场供需的主要特征，并对未来全球及国内棉花市场的走向进行展望，以期厘清我国国内棉花政策调整的宏观背景和现实依据。

第 3 章
我国主要棉花政策及棉花目标价格政策实施情况

3.1 我国棉花政策演变分析

中华人民共和国成立 70 年来，农业在我国国民经济中一直处于基础地位。在种植业中，棉花是我国仅次于粮食作物的第二大作物，是关系到农业发展和农民增收，以及关系下游棉纺织业发展的重要农产品，是我国重要的战略物资。过去 70 多年里，为推动棉花产业的发展，国家逐步建立了从生产、流通、储备到贸易的全方位支持体系。生产领域，包括棉花良种补贴（2007 年至今）和新疆棉花目标价格改革（2014 年至今）；流通领域，包括棉花临时收储政策（2011—2013 年）、出疆棉运费补贴（2008 年至今）、政策性储备调节机制（20 世纪 50 年代至今）。通过关税配额管理（2000 年至今）和滑准税制度（2005 年至今）对棉花进口进行调控。同时，我国在实施过程中根据实际效果进行积极改进和创新，通过"中央一号文件"、《国务院关于建立粮食生产功能区和重要农产品生产保护区的指导意见》等多个重要文件对棉花产业发展进行顶层设计和规划。改革开放以来，我国棉花政策演变大致可划分为以下四个时期。

3.1.1 棉花流通计划经济时期（1978—1997 年）

在我国棉花流通体制市场化改革前，1978—1997 年的 20 年间棉花购销基本处于统购统销和合同定购的计划经济时期。19 世纪 70 年代，伴随着改革开放、家庭联产承包责任制的实施，国务院根据国内供需关系和国际市场价格的变化，将包括棉花在内的 18 种主要农副产品收购价格平均提高 23.76%，棉花收购价格和供应价格得到多次上调，幅度达 15%，同时实行 30% 的超定购加价政策（杜珉，1995）。在棉花统购统销时期，国家采取对棉花生产、流通、经营实行统一管理、统一定价的保护性管理模式，在棉花资源紧缺时期，吸纳了更多的原料来源，确保了国内棉花消费，为工农业"剪刀差"的形成奠定了基础（张燕生 等，2013），但高度统一的统购统销政策扭曲了棉花商品属性，使价格与市场脱节，不利于促进棉花产业可持续发展。

20 世纪 80 年代，在多年保护性支持下我国棉花资源短缺的问题得到解决，在满足国内消费的同时，还有部分盈余用于出口，储备棉大幅增加。为缓解财政压力，1985 年的"一号文件"做出了以合同定购代替统销统购的决定，从此拉开了棉花流通体制市场化改革的序幕。国家以 1∶8 的粮棉比价制定收购价格，并在春播期间公布，实行全国统一定价，地区间和季节间不设置差价。1992 年，国务院提出放开棉花经营、市场和价格的流通体制改革，并在山东、河南和江苏 3 个主产区进行流通体制改革试点。1985—1997 年，棉花政策仍然是统购统销政策的延续，由于调控政策反复，棉花生产受影响而波动明显，"卖棉难"与"买棉难"现象交替，棉农面临的市场风险加剧。棉花流通体制改革虽然向市场化迈出了步伐，但管理仍以集中统一的计划经济模式为主，价格不能客观反映供求关系，无法调节生产、消费和流通，市场机制难以发挥配置资源的作用，达不到保障生产者利润的目标，也增加了财政负担，不利于下游纺织业发展。

3.1.2 市场化流通体制改革时期（1998—2007 年）

由于棉花价格连续提高，下游纺织企业成本压力增大、经营困难，流通企业整体亏损，棉农卖棉难，棉花库存积压造成财政压力增加（史建伟 等，2004），1998 年《国务院关于深化棉花流通体制改革的决定》中提出建立主要依靠市场机制实现棉花资源合理配置的新体制，建立新型产销关系。改革包括建立市场形成价格机制、拓宽销售经营渠道、建立公证检验制度、加强宏观调控、培育交易市场、调整优化棉花产业布局等方面，是在市场经济体制背景下对棉花产业进行的一次整体布局。通过 1999—2000 年两年的具体实践，棉花流通体制改革成效开始初显，生产布局得到优化、库存积压问题得以缓解、国家对棉花市场的宏观调控能力增加。但新的问题如购销秩序混乱、质量问题突出、市场价格上升导致纺企原料成本增加和出口竞争力下降等问题开始显现。

为解决流通体制中与市场化不匹配的问题，以及适应"入世"要求，2001 年《国务院关于进一步深化棉花流通体制改革的意见》明确将放开收购，打破垄断经营，推进棉花产业化经营。2001 年我国加入 WTO 后，纺织业由于出口增加而迅猛发展，对原料棉需求大幅增加，国内棉花生产不能满足消费需求，需要进口棉予以补充。按照 WTO 规则，我国扩大棉花市场准入，取消了棉花出口补贴，实行进口关税配额制度（包括实施进口配额和配额外的滑准税政策），加大了国内棉花市场与国际市场接轨的力度。2007 年由中央财政拨款 5 亿元在河北、山东、河南、江苏、安徽、湖南、湖北和新疆 8 个棉花主产省（区）实施良种补贴政策，补贴标准为 15 元/亩，同时为支持农户和合作组织购买先进适产的机械，中央财政对机械购置进行补贴。同年，我国开始在 6 省（区）开展政策性农业保险试点工作，对部分种植业和养殖业保险提供保费补贴，其中包括新疆棉花"期货+保险"试点。在一系列政策的支持下，我国棉花生产得到了支撑，农民利益得到了保障，2007 年我国棉花种植面积和产量达到了历史最高值。

3.1.3 收储价格调控时期（2008—2013 年）

这一时期我国加大了对棉花市场的支持力度，在各项政策的持续支持下，棉花市场化进程和全球化进程加速推进。为解决新疆棉远离销区、移库成本高的问题，2008 年我国财政部出台《出疆棉移库费用补贴管理暂行办法》，开始对出疆棉①移库进行补贴，补贴标准为 400 元/t，2013 年这一标准提高至 500 元/t。2009 年良种补贴政策由部分省（区）实施改为全覆盖的普惠制补贴政策。2010 年，我国将大型棉花机械补贴标准提高到 20 万元。在对棉花生产间接补贴政策上，为促进主产省棉花生产、稳定棉花供给，2009 年 5 月起我国在 13 个主产省（区、市）与新疆生产建设兵团开展棉花高产创建工作，共在 198 个县（区、市）建立 200 个万亩连片高产创建示范地，每个示范地

---

① 出疆棉指在新疆生产，通过铁路运输移库到其他地区的棉花。

给予15万元补贴，重点支持棉花技术推广、专业化服务、信息服务等。在贸易方面，我国仍然采用关税配额和滑准税制度，作为调节国内棉花供需余缺的重要工具，2008年和2012年两次对滑准税范围和公式进行调整。

2008年，受金融危机的影响，市场对全球经济衰退的恐慌情绪加剧，国内纺织品服装出口减少，国际国内棉价大幅下跌，棉农收入下降明显。为稳定棉花市场价格和保障棉农收益，国家启动"一事一议"的棉花收储政策，即在棉花价格急剧下跌时，或者棉农卖棉困难时，由国家收购棉花。该政策是在国内棉价与国际接轨后，在市场价格波动频繁的情况下，配合棉花质量检验体制改革、稳定市场预期、保障棉农收益的调控措施。在"一事一议"的棉花收储政策实施期间，国内棉花价格基本处于平稳状态。2010—2011年，受次贷危机的影响，棉花价格涨跌频繁，农户、流通企业和下游纺织企业损失严重，同时国内棉花每年存在巨大产销缺口。在此背景下，2011年国家发展改革委员等八部门联合印发《2011年度棉花临时收储预案》，将"一事一议"的棉花收储政策进行常态化，棉花临时收储政策正式实施。预案明确政策执行时间为2011年9月至2012年3月，收储价格水平为19 800元/t，执行范围为13个棉花主产省（区、市），包括天津、河北、山西、江苏、安徽、江西、山东、河南、湖北、湖南、陕西、甘肃、新疆。此次临时收储政策仍参考粮棉比价1∶8来确定价格水平，区别于粮食以未加工的原粮直接交储，收储的棉花是经籽棉加工后的皮棉，价格中还包含1 000元/t皮棉加工费用，由此确定2011年标准皮棉到库价为19 800元/t。10月8日，在连续5个工作日棉花市场价格如低于19 800元/t后，该政策正式启动。2012年，考虑到粮食价格上涨、植棉成本上升，将收储价格上调到20 400元/t。2013年，继续实施棉花临时收储政策，价格水平为20 400元/t。

3.1.4 目标价格改革时期（2014年至今）

棉花临时收储政策虽然达到了稳定市场价格和保障棉农收益的政策目标，但在实施期间收储价格成为市场主导价格，弱化了市场机制的作用，拉大了国内外棉价价差，降低了纺织业在国际市场上的竞争力。2014年，我国取消了实施3年的棉花临时收储价格政策，开始在新疆（含兵团）进行棉花目标价格改革试点。2014年棉花目标价格水平为19 800元/t，生产者按市场价格出售棉花，当市场价格低于目标价格时，农民仍按市场价格随行就市出售，国家根据两者差价、面积、产量等因素对试点区种植者予以补贴，当市场价格高于目标价格时，不进行补贴。同时，考虑到政策衔接，对长江流域、黄河流域等棉花每吨补贴2 000元。除了补贴方式、价格水平确定外，以棉花面积核查、市场建设、储备管理、质量公证检验等一系列工作予以配套。与最低收购价和临时收储政策不同，目标价格政策不直接对市场价格产生影响，主要对生产者起到价格引导作用。目标价格政策的实施标志着我国在探索推进农产品价格形成机制与政府补贴脱钩的改革方面，迈出了关键性的一步。该政策实施以来，新疆产区棉花生产基本稳定，市场配置资源机制发挥作用，国内外棉花市场价差逐步缩小，市场活力不断增强。

1978—2020年我国涉棉重要文件及政策见表3-1。

表 3-1 1978—2020 年我国涉棉重要文件及政策

阶段特征	发布时间（年）	文件名称	相关内容
计划经济时期	1978	《关于提高粮食、棉花、油料、生猪等 18 种主要农副产品收购价格的通知》	将包括棉花在内的 18 种主要农副产品收购价格平均提高 23.76%
	1979	《关于种足种好棉花及实行棉花超购奖励的通知》	以 1976—1978 年平均收购量为基数，超购部分实行 30%加价奖励
	1980	《关于棉粮、糖粮挂钩奖售粮几个问题的通知》	实行棉粮、糖粮挂钩，保障生产者口粮，促进棉糖生产发展
	1980	《关于无定购基数的单位和个人交售的棉花奖售粮食的通知》	
	1985	《关于进一步活跃农村经济的十项政策》	以合同定购代替统销统购
	1992	《国务院批转国家体改委关于改革棉花流通体制意见的通知》	在江苏、河南、山东开展流通体制改革试点
收储价格调控时期	1998	《国务院关于深化棉花流通体制改革的决定》	建立在国家宏观调控下，主要依靠市场机制实现棉花资源合理配置的新体制
	2001	《国务院关于进一步深化棉花流通体制改革的意见》	放开棉花收购，打破垄断经营
	2007	《关于积极发展现代农业扎实推进社会主义新农村建设的若干意见》	加大良种补贴力度，扩大补贴范围和品种。由中央财政拨款 5 亿元在河北、山东、河南、江苏、安徽、湖南、湖北和新疆 8 个棉花主产省（区）实施良种补贴政策，补贴标准为 15 元/亩
	2008	《出疆棉移库费用补贴管理暂行办法》	对出疆棉移库进行补贴，解决新疆棉远离销区、移库成本高的问题，补贴标准为 400 元/t，2013 年这一标准提高至 500 元/t
	2009	《2009 年全国粮棉油高产创建工作方案》	在 13 个主产区（省/市）建立 200 个万亩连片棉花高产创建示范地，促进单产和效益水平提升。目标是示范区内黄河流域亩产皮棉 100 kg 以上，长江流域 120 kg 以上，西北内陆 150 kg 以上，示范区外增产超过 20%
	2011	《2011 年度棉花临时收储预案》	棉花临时收储政策正式实施，政策执行时间为 2011 年 9 月至 2012 年 3 月，收储价格水平为 19 800 元/t，执行范围为 13 个棉花主产省（区/市）
	2012	《关于加快推进农业科技创新持续增强农产品供给保障能力的若干意见》	加强棉花生产基地建设，探索棉花全程机械化生产模式，健全棉花等农产品储备制度；恢复启动新疆优质棉生产基础建设
	2013	《关于加快发展现代农业，进一步增强农村发展活力的若干意见》	支持优势产区棉花生产基地建设，扩大粮油糖高产创建规模；加快粮棉油糖等农机装备研发；适时启动棉花等农产品临时收储；完善粮棉油糖进口转储制度

(续表)

阶段特征	发布时间（年）	文件名称	相关内容
目标价格改革时期	2014	《关于全面深化农村改革加快推进农业现代化的若干意见》	启动新疆棉花目标价格补贴试点；加快实施农业走出去战略，培育具有国际竞争力的粮棉油等大型企业；加快推进大田作物生产全程机械化，主攻机采棉等薄弱环节
	2015	《关于加大改革创新力度加快农业现代化建设的若干意见》	完善棉花等重要农产品进出口和关税配额管理，严格执行棉花滑准税政策；总结新疆棉花目标价格改革试点经验，完善补贴方式，降低操作成本，确保补贴资金及时足额兑现到农户；合理确定棉花等重要农产品储备规模
	2016	《关于落实发展新理念加快农业现代化实现全面小康目标的若干意见》	制定划定棉花等重要农产品生产保护区的指导意见；深入推进新疆棉花目标价格改革试点
	2017	《关于深入推进农业供给侧改革加快培育农业农村发展新动能的若干意见》《关于建立粮食生产功能区和重要农产品生产保护区的指导意见》	经济作物要优化品种品质和区域布局，巩固主产区棉花生产；以主体功能区规划和优势农产品布局规划为依托，科学合理划定棉花等重要农产品生产保护区；调整完善新疆棉花目标价格政策，改进补贴方式；完善农机购置补贴政策，加大对粮棉油糖全程机械化所需机具的补贴力度
	2019	《关于坚持农业农村优先发展做好"三农"工作的若干意见》《关于做好内地①九省棉花"专业仓储监管+在库公证检验"相关工作的通知》	恢复启动新疆优质棉生产基地建设，将糖料蔗"双高"基地建设范围覆盖到划定的所有保护区；在提质增效基础上，巩固棉花、油料、糖料、天然橡胶生产能力；在内地九省开展"专业仓储监管+在库公证检验"
	2020	《关于抓好"三农"领域重点工作确保如期实现全面小康的意见》	完善新疆棉花目标价格政策

数据来源：笔者根据历年"一号文件"和相关政策文件整理。

3.2 新疆棉花目标价格政策

3.2.1 政策实施的产业背景

21 世纪以来，我国逐步建立了以临时收储、农业补贴、贸易调节措施为主要框

---

① 内地九省指河北、河南、山东、甘肃、江苏、安徽、江西、湖北、湖南。

架的棉花价格调控体系，该体系从整体来看对于促进国内棉花产业发展和农民增收起到了积极作用，但一些矛盾和问题也逐步显现。以我国自 2011 年实行的棉花临时收储政策为例，它在特殊时期为保障棉农收入发挥了积极作用，但同时对纺织服装业带来了不利影响。从 2011 年开始，国内棉花价格比进口棉到价完税（关税和滑准税）后还要高，一方面，棉纺织企业出于质量考虑不愿用国产棉或者出于价格考虑用不起国产棉；另一方面，大量棉花还在源源不断以高价收储到国储库中。临储期间国内棉花库存高企，2012 年我国棉花库存高达 1 137 万 t，相当于两年的棉花产量。为消化库存，国家规定纺织企业必须以 3∶1 的配比购买进口棉，即购买 3 t 国产棉才能获得 1 t 进口棉配额，拉高了企业原料成本。2013 年我国棉花临储价格为 20 400 元/t，同期进口棉税后成本约为 15 580 元/t，国内外棉价差高达 4 820 元，纺织企业面临"一买就亏损，不买就关停"的尴尬局面，国家收储压力剧增，收储量一度超过产量的九成，高库存带来了沉重的财政压力（秦中春，2015）。同时，临储期间重数量、轻质量的粗放增长模式导致国内原棉质量存在缺陷，品种混杂、一致性差、质量下降。在收购和加工环节管理上也存在薄弱环节，如籽棉存放保管不善，含三丝等杂质较多，一些加工厂在手采棉中混掺机采棉，或在加工后的新棉中掺入回收棉、精梳后的落棉等。临储期间国内皮棉质量下降明显，尤其是皮棉长度和强力不够。从产业发展的长远角度来看：一方面，棉农收益要保障；另一方面，政策支持方式也需要根据现实情况进行改进。

新疆是我国播种面积最大、总产和单产水平最高的主产区，新疆植棉区域主要分布在全疆 60 多个县（市）和 100 多个团场。全疆 50%左右的农户从事棉花生产，七成以上是少数民族，农民人均纯收入中 35%来自棉花，主产区则在 60%以上。稳定新疆棉花生产和保障棉农收入在新疆经济发展中具有重要意义，选择新疆作为政策改革试点区，有利于保障我国棉花产业安全、优化种植业结构和促进民族地区繁荣稳定。2014 年中央一号文件《关于全面深化农村改革加快推进农业现代化的若干意见》中提出，"探索推进农产品价格形成机制与政府补贴脱钩的改革，逐步建立农产品目标价格制度"。根据中央一号文件的精神，经国务院批准，我国正式在新疆启动棉花目标价格改革试点，2014 年新疆棉花目标价格为 19 800 元/t。

3.2.2 政策执行情况

3.2.2.1 第一轮试点期（2014—2016 年）

2014 年 4 月，国家发改委联合财政部和农业部发布《关于发布 2014 年棉花目标价格的通知》，棉花目标价格改革试点于 9 月正式在新疆执行。执行过程如图 3-1 所示，兵团补贴过程和做法有所不同，兵团棉花生产是生产、加工、销售一体化，基本生产单位是团场，相对来说在面积和产量核实工作比较简单。采价期为 9 月 1 日至 11 月 30 日，采集轧花厂收购籽棉折成皮棉的平均价格。根据棉花临时收储政策实施前的历史交易情况，一般 9—11 月期间棉花交售量基本能达到全年棉花交售量的 80%左右，因此基本能表征试点地区的市场交易价格。籽棉折皮棉的价格公式为：折算价格 =［籽棉价格-棉籽价格×（1-衣分率-损耗率）］/衣分率+加工费，其中衣分率是指轧出的皮棉重量占籽棉重量的比例，即籽棉产皮棉率。试点阶段采取生产成本加基本收益的方法确定目标价格水平，2014年目标价格水平为19 800元/t，2015年和2016年根据棉花市场供需、成本收益等因素的变化，目标价格水平分别调整为19 100元/t和18 600元/t。

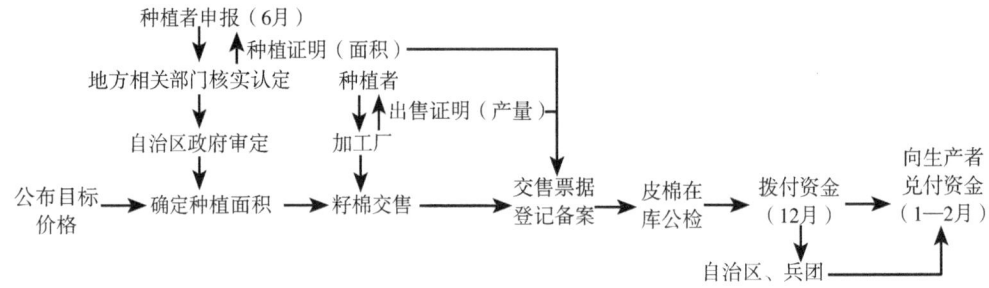

图3-1 目标价格补贴执行过程

在补贴方式上，2014年新疆以中央补贴资金的60%按面积、40%按实际籽棉交售量进行补贴，同时在阿克苏地区的新和县、柯坪县进行"小试点"，具体实行在新和县以籽棉交售量，在柯坪县以种植面积进行补贴。兵团则按棉花产量进行补贴，特种棉补贴与新疆相同。2015年将补贴总额的10%用于阿克苏、喀什、克州、和田（南疆四地州）基本农户按面积兑付补贴，补贴总额的90%用于全区按棉花交售量兑付补贴。

经过3年试点，新疆棉花目标价格改革取得了显著成效，基本摸清新疆棉花面积和产量底数，是在农业补贴政策中对价格与政府补贴脱钩的有益探索，对棉花产业来说，促进了棉花生产向优势产区集中，实现了生产、流通、加工、纺织的棉花全产业链良性发展，提升了棉花质量和出口竞争力，为其他农产品目标价格改革提供了宝贵经验。

3.2.2.2 第二轮深化改革期（2017—2019年）

2017年起我国在新疆进行棉花目标价格深化改革，2017—2019年为深化改革期。改革期间对定期周期进行调整，确定为三年一定，即2017—2019年实施18 600元/t目标价格水平（表3-2），如果期间市场发生重大变化，可对目标价格水平进行调整。同时考虑到8.5%的微量允许水平，2017年对补贴方法进行了优化，以2012—2014年全国棉花平均产量的8.5%为上限，对享受补贴的新疆棉花采取上限管理，超出上限水平的部分不予补贴。深化改革期目标价格政策侧重于提升新疆棉花产业竞争力，打造优质棉生产基地。2018年在新疆6个棉花主产县——沙湾、玛纳斯、尉犁、沙雅、精河、麦盖提进行按质量补贴试点（佚名，2018），第一次尝试将补贴与质量进行挂钩。具体实行棉农交售棉花纤维长度和强度都达到"双29"、马克隆值达到A级，南疆地区棉花单一品种种植面积达到300亩（1亩≈667平方米，15亩=1公顷，全书同），北疆地区达到1 000亩等标准，农户可获得0.3元/kg的补贴。除了按质量对补贴方式的不断探索，在新疆博乐市、叶城县、柯坪县开展"保险+期货"试点，18 600元/t作为目标价格保险水平，以期货和保险联动机制探索新的补贴方式。在湖北、山东等棉花主产区也相继开展棉花目标价格保险试点，以保障棉农的基本收益。

表 3-2 棉花临时收储政策和目标价格政策的价格水平

补贴政策	年份	价格水平（元/t）
棉花临时收储政策	2011	19 800
	2012	20 400
	2013	20 400
棉花目标价格政策	2014	19 800
	2015	19 100
	2016	18 600
	2017	18 600
	2018	18 600
	2019	18 600

数据来源：根据历年相关政策文件整理。

3.2.2.3 第三轮改革期（2020年至今）

为保障重要农产品有效供给和促进农民持续增收，2020年中央一号文件中提出"完善新疆棉花目标价格政策"，3月国家发改委联合财政部公布《关于完善棉花目标价格政策的通知》，继续在新疆实施目标价格补贴政策，目标价格水平为18 600元/t，同样为"三年一定"，并提出以三年为周期进行定期评估，按评估结果调整目标价格水平。第三轮棉花目标价格补贴政策的实施，体现了我国在棉花政策上的延续性，有利于支撑主产区棉花种植面积和产量，尤其在新型冠状病毒肺炎疫情对全球供应链和产业链形成巨大冲击的背景下，有助于稳定棉农信心和供给端的稳定。

3.3 小 结

从2014年到2019年的6年间，新疆棉花目标价格补贴政策经过两轮改革实践，取得了显著成效，是在农业政策体系中以市场供求形成农产品价格、农产品价格与政府补贴脱钩的尝试与创新，对于棉花产业布局调整、棉花质量和竞争力提升有着积极作用，丰富了农业供给侧改革的实践经验。本章回顾了我国改革开放以来历年棉花支持政策，从生产、流通、贸易、储备领域对涉棉政策进行梳理和总结，在此基础上跟踪了棉花目标价格补贴政策的主要内容和实施进展，为后续章节从棉农视角评估目标价格补贴效果提供了政策依据。

第 4 章
主产区棉农对目标价格政策实施的满意度及其影响因素分析

4.1 引　　言

2014 年我国取消了实施 3 年的棉花临时收储政策，在新疆实施棉花目标价格改革试点，2014—2016 年是该政策第一轮改革试点期，试点效果基本符合政策预期，在推动棉花市场价格形成机制、保障主产区棉农基本收益、稳定主产区棉花种植面积、增强纺织企业竞争力、提高棉花质量等方面取得显著成效，基本解决了试点前市场扭曲、质量下降、流通不畅等问题。但也存在诸如政策实施的财政成本偏高、保护棉农植棉积极性力度不够等弊端，存在进一步细化和完善的空间。2017—2019 年是新疆棉花目标价格改革的深化期，有必要对上一轮试点期政策实施进行总结，为该政策深化完善提供现实依据。

通过对已有文献进行梳理发现，2014 年棉花目标价格改革试点实施以来，相关研究不断丰富。现有研究多聚焦政策实施在宏观层面对棉花市场价格形成机制（田立文等，2015；刘宇 等，2016；宋玉兰 等，2018；王利荣，2019）、棉花生产布局（贺超飞 等，2018；谭晓艳 等，2019）等方面的影响，微观层面多关注政策调整下棉农植棉意愿的变动，同时用于政策评价的方法也日益成熟，从以基于实地调研和个案研究为代表的定性分析为主，到定性分析与定量分析相结合的方法。但从微观层面——棉农满意度的角度进行政策实施效果评估的文献较少，且多数集中在政策实施当年或实施后的一年，或没有对相关影响因素进行深入分析。因此，本章从政策实施对象——主产区棉农视角出发，定量分析棉农对政策实施的满意度评价，并对其影响因素进行实证分析。

以往对满意度的研究主要集中在心理学和消费学领域，用于刻画客体对某项商品或服务的满足程度或偏好水平。近年来，学术界逐渐将满意度水平的测量引入农业领域，被广泛用于农村公共服务水平、农业项目成果评价、农业政策绩效评价等研究中。本研究所测量的满意度对象为新疆地区棉农，是新疆棉花目标价格改革试点最直接的利益相关者。主产区棉农对政策的满意度情况在很大程度上影响着政策实施效果和未来提升空间，通过实地调研测量棉农满意度，探寻影响棉农对目标价格政策满意度的主要因素，以期科学评估目标价格改革试点执行效果，为推动棉花目标价格政策的完善提供决策参考。

4.2 数据来源与研究方法

4.2.1 数据来源

为全面深入地了解棉花目标价格改革试点情况，课题组分别在 2017 年 10 月和 2018 年 5 月两次赴新疆主产区进行农户调研。第一次为预调研，2017 年 10 月由课题组 1 名研究人员和 2 名研究生到北疆开展，在塔城地区沙湾县和昌吉回族自治州玛纳斯县分别随机选取 5~10 名种植棉花农户进行问卷访谈。根据预调研中这些农户的反馈信息和当地农业部门工作人员的建议，课题组进一步修改和完善问卷，以求将问卷表述得更加通俗易懂，并更贴切目标价格政策实施的实际工作。第二次调研为2018年5月，在地方农业部门协助下，采用分层随机抽样方法，在北疆塔城地区和昌吉回族自治州，以及南疆阿克苏地区和喀什地区，按照各地的经济状况和棉花种植情况，从4个棉花主产地州的11个县（市）随机各抽取2个乡镇，再从每个乡镇随机抽取2个样本村，每个样本村按农户棉花种植规模随机抽取30~40户棉农。为保证调查数据的真实可靠，调查采取入户调查的方式，与当地从事棉花生产的农户进行面对面的访谈，共完成1 834份问卷。以关键信息完整为筛选依据，剔除不符合质量要求的无效问卷共计147份，得到1 687份有效问卷，问卷有效率达到92%。

调查区域（表4-1）及对象的选择主要考虑两个因素：一是新疆是棉花目标价格改革试点区，而被调查地区在新疆棉花产量中所占份额较高，棉花种植在样本农户的家庭农业生产中占据主体地位。新疆是我国最大的棉花生产区，2016年新疆棉花产量为359.4万t，占全国棉花总产量的67.3%。二是被调查区域的棉花目标价格补贴方式具有代表性，基本涵盖了改革试点的不同补贴方式。由于2014年在全区实施的"面积+交售量"补贴方式造成工作量大、工作成本高等问题，2015年9月起补贴方式改为全区以交售量补贴为主，年度补贴资金总额的90%兑付全区棉花实际种植者交售量，10%向南疆阿克苏地区、喀什地区、克孜勒苏柯尔克孜自治州、和田地区4个地州的基本农户（含集体土地）按兑付面积进行补贴[1]。因此，调研样本比较具有代表性。

表4-1 调查样本区域分布情况

地区	样本地区	样本县（市）	样本数量
南疆地区	阿克苏地区	库车县	169
		阿瓦提县	183
		温宿县	181
	喀什地区	莎车县	190
		巴楚县	187
		麦盖提县	177
北疆地区	塔城地区	沙湾县	105
		乌苏市	160
	昌吉回族自治州	呼图壁县	131
		玛纳斯县	107
		昌吉市	97
合计			1 687

---

[1] 新疆维吾尔自治区人民政府. 新疆维吾尔自治区棉花目标价格改革试点工作实施方案，新政发〔2015〕90号. http://xjdrc.xinjiang.gov.cn/xjdrc/jggl/201509/7d4942fa30ce4f798494889f1ddf429a.shtml.

4.2.2 研究方法

为分析农户对目标价格政策满意度的影响因素,将满意度选项作为因变量。构建棉农满意度模型:

$$S_i = f(X_i) + \varepsilon_i$$

式中,S_i 为因变量,即棉花目标价格政策满意度水平,X_i 为自变量,包括农户个体和家庭生产经营特征等变量,棉花经营特征和政策相关因素等;ε 为随机干扰项,i 为样本农户($i=1,2,\cdots,n$)。考虑到可观测性,农户满意度取值为离散值,通过调研获得了农户对棉花目标价格政策5级满意程度的离散数据。棉农对政策的满意度包括"不满意""不太满意""基本满意""满意"和"非常满意"5级选项,且各选项间存在顺序,满意度从1~5级递增,因此采用多元有序logistic模型来定量分析棉农对目标价格政策实施满意度的影响。具体模型形式为:

$$P_i = \frac{1}{1+e^{Y_i}}$$

进一步对等式两边取对数,模型可转化为:

$$Y_i = \ln\frac{P_i}{1-P_i} = \alpha + \beta_1 X_1 + \beta_2 X_2 + \cdots + \beta_n X_n + \varepsilon_i$$

式中,P_i 为调研地农户对棉花目标价格政策满意的概率;β_i 为自变量系数;X_i 为自变量;ε_i 为误差项;α 为截距项。

4.3 变量与样本概况

4.3.1 变量选择

为更好地选取变量,本书在对相关领域的主要研究进行梳理和归纳的基础上,根据新疆棉花生产和农户的实际情况,将农户基本特征、棉花种植情况和补贴政策相关情况3个方面作为影响农户对目标价格政策满意度的主要因素。

(1) 因变量

目标价格政策满意度是棉农在改革试点后对政策实施的主观评价,农户评价会由于自身的客观条件和主观想法不同而有差异。调研问卷采用李克特(Likert)五级量表,以"不满意""不太满意""基本满意""满意"和"非常满意"5个表征受访者态度的回答为满意度评价选项,显示受访者在量表上满意或不满意的状态及其态度强弱程度。

(2) 自变量

棉农个体特征。主要包括农户性别、年龄、受教育年限、是否接受过种植技术培训等信息。在调研中,为确保受访者对家庭农业和棉花生产经营状况有足够了解,问卷对象多选择为一个家庭的户主，因此农户个体特征主要由户主个人特征表示。

农户家庭生产经营特征。用家庭农业劳动力数量、家庭年收入、兼业情况4个变量来反映家庭生产经营特征。农业劳动力可以反映家庭在农业生产经营中拥有的人力资本。兼业情况考察农户除了农业生产之外有无其他非农经营行为，如果农户有兼业行为，收入来源多样化，那么对农业补贴依赖度较小。

棉花种植经营情况。包括植棉规模、植棉年限、植棉种类、参加专业合作社情况和售棉难易程度。采用分组的方法来体现棉农种植规模数据的异质性，参考联合国粮农组织（FAO）对农户规模的界定，2 hm² 是一个阈值，2 hm² 以上为大规模农户，再结合调研当地耕地资源的实际情况，将种植面积按大小划分为3个规模等级，<1 hm² 为小规模，1～2 hm² 为中等规模，>2 hm² 为大规模。植棉年限可以显示棉农种植经验度。植棉种类包括手摘棉和机采棉，与生产成本有直接关系，通常情况下，由于减少了人工成本，机采棉成本比手摘棉成本要低。农业专业合作社通常能为社员提供生产经营方面的服务，参加合作社的棉农家庭获得生产服务的可能性较高，收益相对比较稳定（方蕊等，2019）。售棉难易程度直接影响农户收益，棉农售棉渠道一般有企业收购、订单销售、合作社收购、邻里亲朋等社会关系销售和中介上门收购等方式。

棉花目标价格政策相关情况。在问卷中设计了农户对政策了解程度、能否及时足额收到补贴资金、补贴是否增加收入3个选项来考察棉农对政策的主观认知和实际增收情况。

4.3.2 描述性统计分析

4.3.2.1 样本农户基本特征

为确保调研对象足够了解家庭棉花生产经营情况，本次调查主要选择的受访对象为农户家庭的户主。从表4-2可以看到，88.56%的受访户主为男性，近7成为少数民族，年龄多数在50岁以上，30～39岁和40～49岁农户也较多，受教育程度以小学及初中为主。八成以上的受访对受过技术培训；家庭农业劳动力数量以2～3人为主；土地规模大多在2 hm² 以上。

表4-2 样本农户基本特征

变量	选项	频数	比例（%）
户主性别	男	1 494	88.56
	女	193	11.44
民族	汉族	532	31.54
	少数民族①	1 155	68.46

① 主要包括维吾尔族、回族和哈萨克族。

（续表）

变量	选项	频数	比例（%）
户主年龄	<30 岁	171	10.14
	30~39 岁	406	24.07
	40~49 岁	334	19.80
	50~59 岁	614	36.40
	≥60 岁	162	9.60
户主受教育程度	小学及以下	631	37.40
	初中	843	49.97
	高中（中专）	194	11.50
	大专及以上	19	1.13
是否受过农业专业技术培训	是	1 388	82.26
	否	299	17.74
家庭劳动力数量	1	81	4.80
	2	951	56.37
	3	317	18.79
	4	231	13.69
	≥5	107	6.34
种植规模	小规模	424	25.13
	中等规模	439	26.02
	大规模	824	48.84

注：因数值修约等原因，个别数值稍有差异，不影响整体研判，下同。

4.3.2.2 满意度情况

问卷设置对政策的总体评价——"您对棉花目标价格政策的实施满意吗？"进一步又设置了"您对目标价格政策的补贴方式满意吗？"和"您对18 600元/t的目标价格水平满意吗？"2个分项评价①，以期了解棉农对补贴方式和价格水平的满意度情况。

从问卷结果来看，农户对目标价格政策的总体满意度、补贴方式和补贴水平的满意度（基本满意及以上）占比分别为81.87%、87.52%和77.62%。棉农对目标价格政策总体满意度水平较高，选择"基本满意"及以上的农户占总样本的81.87%，其中以"比较满意"居多，占样本总体的31.18%，"非常满意"占23.67%。表达"非常不满意"的农户仅为0.39%（表4-3）。在棉农对补贴方式的满意度评价中（表4-4），选

---

① 3个满意度问题在问卷中独立提出，总体满意度不是补贴方式满意度和价格水平满意度的平均或加总。

择"基本满意"及以上的农户占总样本的87.52%,其中以"比较满意"居多,占样本总体的38.67%,"非常满意"占19.29%,表达"非常不满意"的农户数为0.00,可见棉农对补贴方式认可度较高。在棉农18 600元/t目标价格水平的满意度评价中(表4-5),选择"基本满意"及以上的农户占总样本的77.62%,以"基本满意"居多,占样本总数的37.16%,表达"非常满意"的农户占比为10.97%,有1.64%的农户对18 600元/t的目标价格水平表示"非常不满意",在调研中这部分农户以小规模为主,他们认为取消临时收储后,由于生产成本年年增长,农户收益持续降低,18 600元/t水平较低,即使算上补贴,收益也不如以前。2017年3月《关于深化棉花目标价格改革的通知》中公布了2017—2019年目标价格水平为18 600元/t,大部分农户表示目标价格水平"三年一定"稳定了收益预期,"吃了定心丸",但也有一部分农户表示在农资、水费、人工和土地成本持续上升的情况下,对未来收益的担忧会加剧。

表4-3 棉农对目标价格政策的总体满意度情况

满意度	人数	比例(%)
非常不满意	2	0.39
不太满意	108	17.74
基本满意	165	27.02
比较满意	190	31.18
非常满意	144	23.67

表4-4 棉农对目标价格政策补贴方式的满意度情况

满意度	人数	比例(%)
不满意	0	0.00
不太满意	76	12.48
基本满意	180	29.56
比较满意	236	38.67
非常满意	117	19.29

表4-5 棉农对18 600元/t目标价格水平的满意度情况

满意度	人数	比例(%)
非常不满意	10	1.64
不太满意	126	20.74
基本满意	226	37.16
比较满意	180	29.49
非常满意	67	10.97

从分地州棉农的政策满意度来看，南疆棉农对目标价格政策的总体满意度评价中，选择"非常满意"的占 44.32%，选择"满意"的占 30.97%，选择"基本满意"的占 20.55%，均略高于北疆棉农的满意度，可能是由于南北疆在种植成本、种植规模、生产经营收入来源等方面的差异。在对补贴方式的满意度评价中，南北疆棉农满意度基本相当，说明虽然两地补贴方式上略有差异，但都基本符合当地生产经营实际。在对价格水平的满意度评价中，北疆棉农选择"非常满意"的占 12.65%，选择"满意"的占 29.08%，选择"基本满意"的占 40.77%，略低于南疆棉农，在调研中发现北疆棉农种植规模相对较高，棉农认为 18 600 元/t 的价格水平虽然能保障基本收益，但相对于成本和市场来说仍偏低。

4.3.2.3 主要变量描述性统计

根据前文对主要变量的选取，同时按照农户个体特征、家庭生产经营特征、棉花种植基本情况、棉花目标价格政策相关情况等变量对 1 687 个农户样本进行分类。本研究所选变量的类型、名称、定义赋值及描述性统计结果，如表 4-6 所示。

表 4-6　变量描述性统计结果模型估计结果与分析

变量名称		定义及赋值	均值	标准差
因变量				
政策总体满意度		不满意=1；不太满意=2；基本满意=3；满意=4；非常满意=5	3.78	0.763
自变量				
棉农个体特征	年龄	户主实际年龄（岁）	45.28	11.04
	受教育年限	户主受教育的年数（年）	6.02	2.58
	是否受过农业专业技术培训	是=1；否=0	0.85	0.40
农户家庭特征	家庭农业劳动力数量	农户家庭务农总人口数（人）	2.65	1.11
	家庭年收入	农户家庭一年所有收入（元）	68 465.62	168 347.80
	兼业情况	有=1；无=0	0.94	0.24
棉花种植经营情况	植棉收入占比	种植棉花收入占农业总收入中的比重（%）	67.44	39.83
	植棉规模	棉花种植面积（亩）	44.19	67.19
	植棉年限	棉花种植年数（年）	21.68	10.55
	植棉种类	机采棉=1；手摘棉=0	1.23	0.43
	是否参加专业合作社	是=1；否=0	1.28	0.76
	售棉难易程度	困难大=1；困难小=2；没有困难=3	2.32	13.71

(续表)

	变量名称	定义及赋值	均值	标准差
政策相关情况	对政策了解程度	了解=1；一般=2；不了解=3	1.95	1.19
	能否及时足额收到补贴	是=1；否=0	0.92	0.27
	是否增加收入	是=1；否=0	0.61	0.58

4.4 模型估计结果

利用Stata 15.0软件进行模型运算，得到模型回归结果①（表4-7）。

表4-7 模型估计结果

自变量	系数	Z值
年龄	0.010 7	1.88*
受教育年限	0.044 4	0.93
是否受过专业技术培训	-0.140 4	-0.93
家庭农业劳动力数量	-0.298 9	-2.47***
家庭年收入	0.017 3	0.17
兼业情况	0.080 1	0.15
植棉收入比重	-0.002 8	-0.91
植棉规模	-0.002 5	-1.95*
植棉年限	0.030 0	2.32***
植棉种类	0.043 5	0.14
是否参加合作社	0.167 4	1.97*
售棉难易程度	-0.163 0	-1.11
对政策了解程度	0.202 2	1.96*
是否及时足额收到补贴	0.076 0	2.24***
是否增加收入	0.859 6	1.98*
样本数	1 687	
Wald chi^2（15）	66.98	

① 笔者同时也加入了地区虚拟变量以控制南北疆棉区的地区差异，所得结果与目前显示的回归结果无显著性区别。

（续表）

自变量	系数	Z 值
Pseudo R^2	0.19	
Log likelihood	-208.65	

注：*、**和***分别表示在10%、5%和1%统计水平上显著。

实证分析结果如下。①年龄与政策满意度的关系在10%统计水平上显著且呈正相关，表明在控制其他变量的情况下，年龄越大的农户对政策满意度越高，可能是因为补贴政策提高了农户生产的稳定性，保障了农户基本收益。②家庭农业劳动力数量与满意度的关系在1%的统计水平上显著，系数符号为负，说明在控制其他变量的情况下，一个家庭从事农业劳动的人数越多，对政策满意度越低，可能是由于投入人力资本越多，对收益期望越大，希望补贴力度更高。③植棉规模与满意度关系在10%统计水平上呈显著负相关，表明在控制其他变量的情况下，植棉规模越大的农户对政策满意度越低，原因与家庭农业劳动力数量大致相同，种植规模越大，农户对政策寄予的期望越高，而目标价格政策补贴采用全区主要以产量、南疆四地州以产量+面积的补贴方式，对种植规模农户没有区分。以家庭为单位的棉花种植规模并不是随着规模增大，收益持续增高，而是存在最佳的规模经济效应，在调研中通过访谈和对调研农户成本收益数据的测算，植棉面积在2～3 hm^2 时达到相对合理的生产规模，投入相对较低，平均收益较高。④在调研是否参加专业合作社在10%的统计水平上显著且回归系数为正，表明农户组织化程度越高，对目标价格补贴政策满意度越高，在调研中了解到，专业合作社在产前、产中、产后给棉农提供多项服务，有利于棉农生产、销售及了解政策。⑤对政策了解程度、是否及时足额收到补贴、是否增加收入分别在10%、1%和10%的统计水平上显著并呈正向相关关系，表明农户对政策越了解、能及时足额收到补贴和增加收入，对政策满意度相应地就越高。

4.5 棉农种植意愿情况

问卷同时设计了"未来您家还愿意继续种棉花吗"的种植意愿调查，从结果来看，70.48%的被访者表示"继续种"，而"不种"的比例为29.52%，其中南疆棉农"继续种"的比例为75.32%，高于北疆。调研中棉农表示"不种"的主要原因是认为补贴没有达到预期收益或低于心理预期，植棉成本年年上涨，这部分棉农种植棉花面积大多比较少，补贴如果只能保证基本收益，在有其他经营收入来源的情况下，他们会很快转向其他作物的生产或从事非农就业。

进一步地，在选择"继续种"的棉农中，"扩大面积"的比例为31.89%，"保持不变"的比例为37.64%。由此可见，受种植习惯和比较效益的影响，目标价格改革后农户植棉意愿仍然较高。回顾历年新疆棉花目标价格水平和相关文件的发布大多在春耕备播的3—4月，有助于稳定棉农的收益预期，对主产区棉农种植决策有明显的支持作用。

4.6 结论和建议

基于1 687个新疆棉花种植农户的实地调研数据，从生产者微观视角了解主产区农户的目标价格政策实施满意度情况，采用多元有序Logistic模型对其影响因素进行实证分析。研究结果显示，棉农对目标价格政策的总体满意度、补贴方式和价格水平的满意度（基本满意及以上）较高。调研中多数农户表示，目前市场价格偏低，生产成本高涨，如果没有目标价格补贴，除去物质资料、人工、租地等生产成本，利润将所剩无几，甚至处于亏损状态，因此大部分棉农对此项政策的实施持肯定态度。影响因素分析结果显示，农户年龄、家庭农业劳动力数量、是否参加农业专业合作组织、植棉规模和植棉年限是影响农户对政策满意度的重要因素，从政策实施角度来看，对政策了解程度、是否及时足额收到补贴和是否增加收入是显著影响政策满意度的因素。从农户种植意愿来看，七成左右受访者愿意继续植棉，南疆比例略高于北疆，进一步地，在继续植棉的受访者中，表示稳定或扩大种植规模的比例在六成以上，表明目标价格补贴政策对主产区棉农种植意愿起到一定的支撑作用。

棉花目标价格改革是我国在完善农产品价格形成机制与政府补贴脱钩的一项有益探索，需要进一步完善和细化，给其他品种提供借鉴。通过以上分析，有5个方面研究启示。第一，目标价格补贴需要作为稳定主产区棉花生产的中长期政策持续实施，从实践来看，此项政策对主产区棉农种棉意愿起到了支撑作用，棉农对政策的总体满意度较高。第二，在补贴方式上需要改进，可适度向规模植棉大户倾斜。目前，补贴方式以产量为主，对规模种植激励较少，而规模植棉是提高生产效率和机械化程度的有效途径，也是全球其他产棉国保障原棉供给的重要手段，未来可以在补贴方式上侧重对植棉大户的经营扶持。第三，继续做好政策的解释和宣传工作。调研中69.12%的农户表示主要通过政府部门的宣传来了解各项棉花扶持政策。自2014年以来，在中央和当地政府相关部门的共同努力下，主产区棉农对新疆棉花目标价格政策已有较好了解，但考虑到年度间或区域间政策会根据实际情况进行调整，尤其是在补贴方式、价格水平等方面，而且棉农相当一部分是少数民族，仍需要做好政策的解释和宣传工作，提升棉农对政策满意水平，有助于政策更好地实施和完善。第四，推进农业社会化服务的发展。基本建成综合化、规模化、全程化的社会化服务体系，带动小农户和提升大农户，实现棉花生产提质增效，促进农户与市场有机衔接。农业社会化服务往产后延伸，针对农户售棉难的问题，帮助棉农及时获取市场信息，协调多渠道销售方式，解决棉农产后之忧。第五，将适度经营规模与脱贫攻坚工作相结合。在2014年以前，南疆地区包括棉花在内的各品种人均不到一亩地的现象严重，近年来在产业扶贫、目标价格补贴等一系列政策的支持下，土地细碎、规模小、收益低等问题得到了有效解决，同时，由于资源约束，次宜棉区也逐渐退出。在本研究2018年的调研样本中，南疆植棉在1 hm² 以下的比例不到1%，但仍低于北疆地区。这就要求在目标价格补贴政策实施中，考虑将适度经营规模与脱贫攻坚工作相结合。

第 5 章
政策调整、比较收益变化和棉农供给决策

5.1 引　　言

中国是全球最大的原棉消费国和第二大原棉生产国,棉花是我国种植业生产中仅次于粮食的第二大农产品,也是我国农产品中产业链最长的经济作物,上游涉及1亿多棉农的收入来源,下游关系到棉纺织企业1 800万员工的经济利益。从国内棉花供给来看,国内棉花种植面积和产量波动较大(图5-1),在2006年棉花播种面积一度达到近20年的最高点581.6万hm^2,此后逐渐呈持续下降趋势,2019年我国棉花播种面积为334万hm^2,总产量为588万t。同时,我国棉花生产的地区差异性显著,2001年以来,除新疆地区棉花种植面积呈明显增长趋势外,山西、浙江、江西、湖南、四川、陕西、甘肃等省份的棉花种植面积基本维持在较低水平,而河北、江苏、山东、河南、湖北等省份的植棉面积呈明显下降趋势(图5-2)。从国内棉花消费需求来看,加入WTO后,我国纺织业迅速发展加速了国内对原料棉的消费需求,但国内生产难以满足需求增长速度,致使库存消耗比持续下降(图5-3),对外依存度不断提高,且一度达到513.7万t的历史水平。为保护棉农利益,2011年,国家出台了棉花临时收储政策,基本实现了保护棉农利益的目标,但同时也带来了"洋货入市、国产入库"和内外价差过大的问题。为充分发挥市场对资源配置的决定性作用,2014年起国家取消棉花临时收储制度,在主产区实施目标价格补贴政策;为巩固生产能力,2020年继续在新疆实施棉花目标价格政策。整体来看,目标价格补贴政策的实施一方面促进了棉花种植结构的调整,同时也保护了市场放开后新疆产区的棉农收益、调动了棉农精耕细作的积极性(高升 等,2019);另一方面,新的补贴政策以市场价格为标的,有效引导了市场预期,一定程度上理顺了价格形成机制,为促进棉花产业的稳定发展发挥了积极作用。

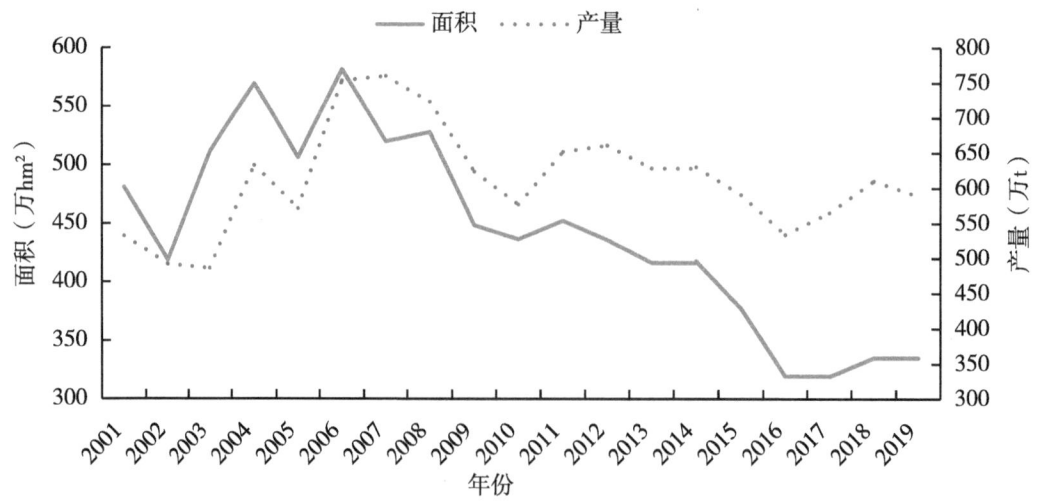

图5-1　中国棉花播种面积与产量情况

(数据来源:中国统计年鉴历年)

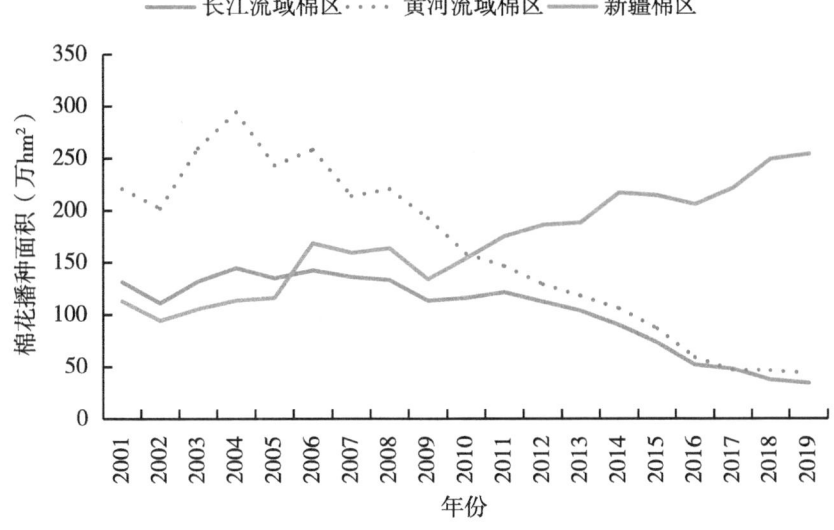

图 5-2　2001—2019 年主产省（区）棉花种植面积变化趋势
（数据来源：中国统计年鉴）

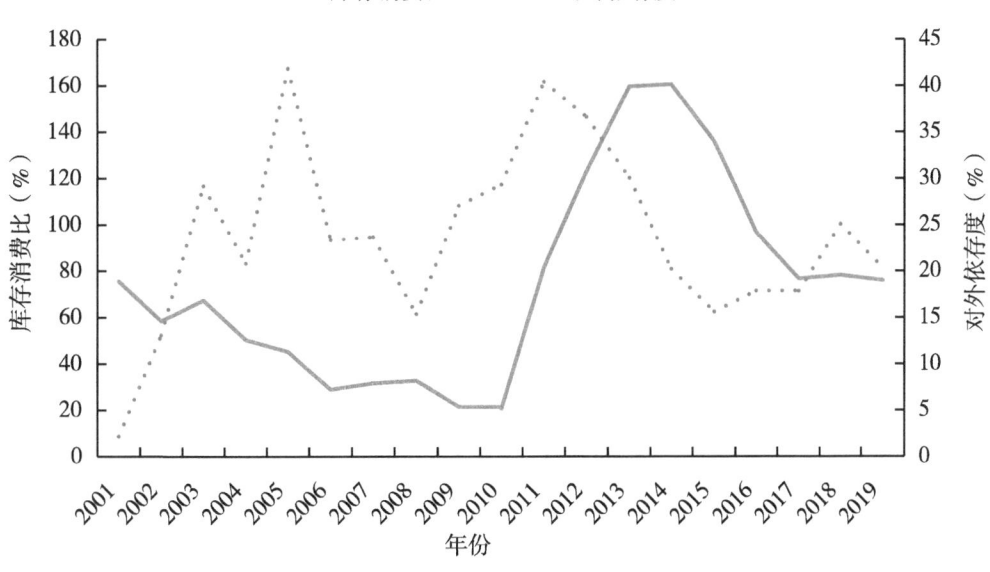

图 5-3　中国棉花库存消费比与对外依存度
（数据来源：中国统计年鉴）

尽管近年来棉花目标价格政策为产业发展提供了积极支持，但受生产成本增长明显、农户收益预期降低、比较效益不高，以及国际市场竞争加剧等影响，我国棉花总量规模继续呈缩减态势，区域集中度更趋明显，国内外价格倒挂的根本性问题仍未解决，巨大供需缺口仍有赖于国际市场补充。2019 年，我国累计进口棉花 184.9 万 t，同比增长 17.6%。

与此同时，我国农业供给侧结构性改革和乡村振兴战略加快推进，棉花产业链上的一、二、三产业融合发展不断深化，尤其是在第二轮棉花目标价格政策结束，未来进入政策深化调整期的背景下，如何持续提高主产区棉农种植积极性，稳定自给水平，确保棉纺产业稳定可持续发展，已成为当前棉花政策持续优化中亟须深入研究的关键所在。因此，本节从棉农视角出发，研究主产区棉农种植决策对价格和非价格因素的反应程度，对于把握棉花生产发展规律，深化棉花供给侧改革，指导生产主体理性决策生产行为，保障我国棉花产业持续、稳定、健康发展，具有重要的理论研究和实践指导意义。

5.2 国内外研究现状

与本研究直接相关的国内外文献主要有两类：一类是关于棉花补贴政策的效果评估分析；另一类是关于农产品供给反应和棉花供给弹性的研究。

2011年起连续3年实施的棉花临时收储政策，短期内对于稳定国内棉花价格发挥了重要作用，但扭曲了棉花市场价格形成机制，加重了财政负担（谭砚文 等，2014）。临时收储制度的托市效应，加上棉花进口配额限制和国际棉价持续走低，使得我国棉花内外价差不断扩大（国家发改委学术委员会办公室课题组，2013），纺织企业因原料成本上升、国际竞争力下降而纷纷减产或停产，这些都直接影响到棉农的长远利益。基于以上原因，我国在2014年取消临时收储政策，以目标价格改革试点以代之。目标价格改革是我国农业价格政策重大的机制性转变，自实施以来已产生诸如缩短国内外价差（Deutsche Bank，2014）、保护棉农基本利益（黄季焜 等，2015；朱满德 等，2017；柯炳生，2018）、完善市场调控体系（王彦发 等，2018）等积极作用。

在对农产品供给反应决策的研究中，一般将价格预期作为影响农户生产决策的主要因素，学界较多采用的是幼稚性预期理论和适应性预期理论。幼稚性价格预期模型（Naive Model）由蛛网模型发展而来，假设农户决策主要基于上一年市场价格。然而在现实生活中，农户的生产行为不仅和上一期价格有关，还会根据以往的经验来修正这种预期，即产生了适应性预期理论（Adaptive Model），Nerlove模型是该理论的代表（Marc Nerlove，1956）。近年来，已有诸多学者在借鉴和改进 Nerlove 模型的基础上，对国内粮食产品小麦、玉米、大豆、水稻及蔬菜、油菜籽、糖料等经济作物，以及猪肉、肉鸡、牛肉等肉类产品的供给反应进行研究。这些研究对农产品供给考虑的影响因素多集中在价格、面积和替代作物的影响上，也有个别研究在此基础上增加了成本、政策、宏观环境等其他因素。在数据选择上，全国、省级宏观数据和农户微观调研数据均有选择。关于我国棉花供给反应的研究，根据我国棉花市场发育程度和棉农生产特点，部分学者采取幼稚预期的方法（王兆阳，2003）和适应性预期模型（谭砚文，2008）来估计棉农供给决策，得出棉花供给与棉花市场价格、粮食价格及生产技术因素高度相关，并且不同地区棉农对价格的反应程度不尽相同（钟甫宁 等，2008）的结论。

综上所述，关于棉花补贴政策和供给反应的研究已经取得积极进展，但也存在着一些改进空间：一是在政策效果评估方面，现有研究主要对 2014 年起实行的棉花目标价格政策的研究（多为定性分析），缺乏从农户决策的视角定量分析政策对棉农种植决策的影响；二是对棉花比较收益的研究多选择一两种替代作物，无法客观全面地衡量与棉花之间的替代效应；三是从时间维度来看，对棉花供给反应研究数据多集中在 2010 年以前，难以反映最新变化趋势。基于此，本研究针对棉花补贴政策和农户比较效益为核心，构建了 12 个主产地区的动态面板数据，引入综合替代作物价格、棉花补贴政策及时间趋势虚拟变量，建立 Nerlove 供给反应模型分析棉花市场价格、生产成本、比较收益变化等价格因素，以及国内棉花补贴政策调整、时间趋势等非价格因素对棉农生产决策的影响，以期为棉花产业发展及相关政策完善提供决策参考。

5.3 理论模型与变量选择

家庭联产承包责任制的实施，赋予了农民在生产经营决策上很大的自主权（柯炳生，2018）。国内外市场需求（或价格）、各种作物的相对比较优势和国家支持政策等因素是影响种植业生产结构调整的主要因素。在市场经济条件下，基于家庭土地总量不变和农户理性"经济人"的研究假设，农户以家庭为单元决定种植品种和数量，从而导致种植收益的变化和种植结构的调整。本节以棉花种植面积作为棉农供给决策的分析对象，采用 Nerlove 供给反应方程建立动态供给反应模型。

Nerlove 供给反应模型假定生产者根据预期价格调整种植面积（或产量）以对外部环境的变化，可以理解为产量或者播种面积是预期价格、局部产量或播种面积调整及其他外生变量的函数。由于因变量的滞后项和其他解释变量均包括在模型中，Nerlove 模型是动态自回归模型，它主要由以下 3 个等式构成：

$$A_t^D = a_0 + a_1 P_t^* + a_2 Z_t + u_t \tag{5-1}$$

$$P_t^* = P_{t-1}^* + \beta(P_{t-1} - P_{t-1}^*) \tag{5-2}$$

$$A_t = A_{t-1} + \gamma(A_t^D - A_{t-1}) \tag{5-3}$$

式中，$0 \leq \beta, \gamma \leq 1$，$A_t$ 为 t 时期实际种植面积（或产量），A_t^D 为 t 时期预期种植面积（或产量），P_t 为 t 时期实际价格，P_t^* 为 t 时期预期价格，Z_t 为在 t 时期影响种植面积（或产量）的其他外生变量，u_t 为随机误差项，参数 β、γ 分别为预期价格调整系数和预期面积调整系数。考虑到棉花属于一年生作物，可以将 Nerlove 模型进行简化，棉农将 $t-1$ 期的市场实际价格作为当期价格预期，那么 $\beta=1$。将式（5-1）、式（5-2）和式（5-3）的不可观测变量 A_t^D 和 P_t^* 进行消除后得到简化的 Nerlove 供给反应函数（5-4）：

$$A_t = \delta_0 + \delta_1 P_{t-1} + \delta_2 A_{t-1} + \delta_3 Z_t + \mu_t \tag{5-4}$$

为消除异方差和确保残差服从正态分布，对所有变量进行对数处理，建立以种植面积为解释变量的棉花供给反应模型：

$$\ln A_t = \delta_0 + \delta_1 \ln P_{t-1} + \delta_2 \ln A_{t-1} + \delta_3 \ln Z_t + \mu_t \tag{5-5}$$

短期供给弹性 $\varepsilon_S = \delta_1$，即方程中价格变量的系数，长期供给弹性 $\varepsilon_L = \delta_1/1 - \delta_2$。

综合以上分析,根据棉花供给的特点,综合考虑价格、成本、面积、替代作物收益、政策、区域等因素,利用扩展的 Nerlove 模型对农户种植决策进行实证分析。考虑到棉花产量和单产主要受科学技术、天气变化、病虫害等因素影响,而种植面积是农户生产决策的最直接对象,本书选用棉花实际播种面积作为供应反应模型的被解释变量。

关于影响棉花生产的解释变量,以滞后一期棉花市场出售价格作为棉花预期价格;棉花成本由生产成本(包括物质与服务费用、人工成本)和土地成本之和表示;以替代作物价格表征棉花与替代作物之间的比较收益;引入棉花临时收储政策虚拟变量和目标价格补贴政策虚拟变量,以度量不同补贴政策对农户棉花生产决策的影响;加入时间趋势变量,用以控制随时间变化的技术进步等因素。

需要说明的是,替代作物价格采用各地与棉花产生竞争关系的综合替代作物价格。由于土地资源的稀缺性,种植棉花的机会成本就是种植其替代作物收益的总和,替代作物的收益会显著影响农作物的供给(周洲 等,2018)。由于区位地理条件和耕作制度上的差异,不同区域棉花替代作物差别很大。而且对于单个农户来说,棉花替代作物可能只有一种,但对于一个地区来说,由于气候、地形、土壤条件及农户种植习惯的多样性,会有多种替代作物。如果简单地把可能产生替代关系的每一个作物都放入模型,只能反映作物之间相对播种面积的变化,无法直接和有效地比较棉花和这些作物的替代关系(钟甫宁 等,2008)。因此,为更加科学客观地选择棉花替代作物,本研究以产量和实际替代可能性为标准来选择替代作物,具体地,通过对一个地区多个替代作物产量所占比重为权重对各替代作物的价格进行加权处理,得到综合替代作物价格。综合替代作物价格是作物相对价格,优点在于价格比率的变化真正反映了作物间播种面积的变化,另一方面平减了通货膨胀对价格的作用。

综合替代作物价格公式可表示为:

$$SP_t = \sum_i (SP_{it} \times \frac{Q_{it}}{\sum Q_{it}}) \tag{5-6}$$

式中,SP_t 为 t 时期加权后得到的综合替代作物价格,t 为时期,i 为替代作物,SP_{it} 为 t 时期第 i 种替代作物价格,Q_{it} 为 t 时期第 i 种替代作物产量。

5.4 研究区域与数据来源

5.4.1 研究区域的选择

根据各省(区)棉花产量在棉花总产量中所占比重,本节选择黄河流域、长江流域和新疆3个棉花优势区的12个省(区)作为研究区域(表5-1):黄河流域棉区,包括山东、河南、河北、山西、陕西、甘肃等,2019年该区域棉花产量为54.3万t,占我国棉花总产量的8.9%;长江流域棉区包括江苏、安徽、湖北、湖南、江西等,

2019年该区域棉花产量为42.8万t，占我国棉花总产量的7%；新疆目前是我国最大的棉花主产区，从2012年开始棉花产量占全国总量的一半以上，近20年棉花产量以年均6.83%的速度增长，2019年新疆棉花产量为500.2万t，占全国棉花总产量的84.9%。

表5-1 我国棉花种植区域划分及基本情况

项目	黄河流域棉区	长江流域棉区	新疆棉区
主要省（区）	山东、河南、河北、山西、陕西、甘肃	江苏、安徽、湖北、湖南、江西	新疆
棉花种植结构	与冬小麦轮作或与玉米间作	与冬小麦、油菜轮作	单一种植
替代作物	玉米、小麦、大豆、花生	稻谷、油菜籽、小麦、玉米、花生	玉米、小麦
运输方式	铁路和公路	水运、铁路和公路	铁路和公路

5.4.2 数据来源

本研究选择2001—2019年我国12个棉花主产省（区）——江苏、江西、安徽、湖北、湖南、河北、山东、河南、陕西、山西、甘肃和新疆的面板数据。其中，棉花种植面积数据来源于《中国农村统计年鉴》，棉花出售价格、棉花成本、替代作物价格和产量数据来源于《全国农产品成本收益资料汇编》，消费价格指数（CPI）数据来源于《中国统计年鉴》。棉花成本由生产成本（包括物质与服务费用、人工成本）和土地成本之和表示，替代作物中的稻谷价格由各地区的早籼稻、中籼稻、晚籼稻和粳稻价格汇总而成。同时，棉花价格和棉花成本均用消费者价格指数（CPI）进行平减处理以消除通货膨胀的影响。棉花临时收储政策变量数据和目标价格政策变量数据，根据国家历年出台的相关政策文件整理。变量定义及描述统计特征如表5-2所示。

表5-2 变量定义与描述统计特征

变量名	含义	观测值	平均值	标准差	最小值	最大值
A_{t-1}	滞后一期棉花播种面积（万hm^2）	228	33.90	41.28	0.71	195.33
P_{t-1}	滞后一期棉花出售价格（元/50 kg）	228	695.31	214.71	228.70	1 433.90
C_{t-1}	滞后一期棉花生产成本（元/hm^2）	228	87.50	47.42	26.90	185.72
SP_{t-1}	滞后一期综合替代作物价格（元/50 kg）	228	113.89	45.51	26.16	234.96
PS	临时收储政策（2011—2013年为1，其余年份为0）	228	0.18	0.38	0.00	1.00

(续表)

变量名	含义	观测值	平均值	标准差	最小值	最大值
PT	目标价格政策（2014 至今为 1，2014 年以前为 0）	228	0.29	0.46	0.00	1.00
Tc	时间虚拟变量（2001 年 = 1）	228	0.07	0.26	0.00	1.00

5.5 实证模型及估计结果

5.5.1 棉花供给反应模型

由于模型中的解释变量（滞后一期棉花种植面积）包含了被解释变量（棉花种植面积）的滞后项，本研究采用动态面板数据模型。为厘清替代作物和补贴政策对各地棉农种植决策影响的区别，在式（5-5）的基础上，本研究在实证分析时分 4 种情况进行棉花供给反应模型分析。

模型 1：不考虑比较效益和补贴政策的基准回归模型

$$\ln A_t = \beta_0 + \beta_1 \ln A_{t-1} + \beta_2 \ln P_{t-1} + \beta_3 \ln C_{t-1} + \beta_4 T_C + \mu$$

模型 2：考虑比较效益但不考虑补贴政策

$$\ln A_t = \beta_0 + \beta_1 \ln A_{t-1} + \beta_2 \ln P_{t-1} + \beta_3 \ln C_{t-1} + \beta_4 T_C + \beta_5 \ln SP_{t-1} + \mu$$

模型 3：考虑补贴政策但不考虑比较效益

$$\ln A_t = \beta_0 + \beta_1 \ln A_{t-1} + \beta_2 \ln P_{t-1} + \beta_3 \ln C_{t-1} + \beta_4 T_C + \beta_5 P_S + \beta_6 P_T + \mu$$

模型 4：同时考虑补贴政策和比较效益的完整模型

$$\ln A_t = \beta_0 + \beta_1 \ln A_{t-1} + \beta_2 \ln P_{t-1} + \beta_3 \ln C_{t-1} + \beta_4 T_C + \beta_5 \ln SP_{t-1} + \beta_6 P_S + \beta_7 P_T + \mu$$

模型 1 至模型 4 中，β_0 为常数项；A_t 为 t 时期棉花播种面积；A_{t-1} 为滞后一期棉花播种面积；P_{t-1} 为滞后一期棉花市场价格；C_{t-1} 为滞后一期棉花生产成本；SP_{t-1} 为滞后一期综合替代作物价格；P_S 为棉花临时收储政策虚拟变量；P_T 为棉花目标价格政策虚拟变量；T_C 为时间趋势虚拟变量；μ 为随机误差。

5.5.2 估计结果分析

考虑到传统的 OLS 方法或固定效应模型进行动态面板数据分析，得到的估计量是有偏的，因此选择广义矩估计法（Generalized Method of Moments，GMM）。进一步地，为提高估计效率，并估计不随时间变化的变量的系数，本节采取系统 GMM 的方法对模型模拟。

为考察棉花补贴政策和比较效益对棉农生产决策的影响，本研究对这两种因素进行逐步回归，同时为消除异方差对模型造成的影响，采用稳健标准误。根据表 5-3 的相关检验结果，模型 1 至模型 4 的二阶序列相关检验结果显示不存在扰动项自相关问题，表明模型不存在内生性问题；Hansen 检验均在 10% 的显著性水平上不能拒绝变量存在过度识别的原假设，表明选取的工具变量是有效的。估计结果如表 5-3 和表 5-4 所示，滞后一期棉花播种面积、滞后一期棉花市场价格、滞后一期棉花种植成本、滞后一期替代作物市场价格，以及政策因素是影响棉花生产的显著因素。

表 5-3 棉花供给反应模型估计结果

项目	模型 1	模型 2	模型 3	模型 4
$\ln A_{t-1}$	0.811*** (−0.096)	0.871*** (−0.108)	0.884*** (−0.109)	0.914*** (−0.117)
$\ln P_{t-1}$	0.207*** (−0.046)	0.233*** (−0.059)	0.293*** (−0.060)	0.302*** (−0.068)
$\ln C_{t-1}$	−0.249*** (−0.036)	−0.143** (−0.070)	−0.333*** (−0.049)	−0.276*** (−0.081)
$\ln SP_{t-1}$	—	−0.183* (−0.120)	—	−0.095* (−0.119)
P_S	—	—	−0.048* (−0.029)	−0.045* (−0.027)
P_T	—	—	0.146*** (−0.045)	0.142*** (−0.048)
T_C	0.232 (0.033)	0.263 (0.041)	0.278 (0.049)	0.301 (0.057)

注：***、**、* 分别表示估计量在 1%、5% 和 10% 的置信水平上显著；括号内为各系数所对应的 Z 值；"—" 表示该变量未进入模型中。

表 5-4 棉花及综合替代作物供给价格弹性计算结果

供给价格弹性	模型 1	模型 2	模型 3	模型 4
短期价格弹性	0.207	0.233	0.293	0.302
长期价格弹性	1.095	1.806	2.526	3.512
替代作物短期交叉价格弹性	—	−0.183	—	−0.095
替代作物长期交叉价格弹性	—	−1.419	—	−1.105

1) 滞后一期棉花播种面积。滞后一期棉花播种面积对即期播种面积具有显著正向影响，且相比其他自变量影响程度最大，说明受固定成本投入和农户资源禀赋的约束，加上农户的种植习惯，棉农不会轻易调整播种面积。考虑了政策因素的模型 3 和模型 4 中这一变量的系数更高，表明补贴政策进一步增加了农户植棉的稳定性。

2) 滞后一期棉花市场价格。滞后一期棉花市场价格对棉花播种面积具有显著正效应，4 个模型估计得出的短期价格弹性都小于 1，即棉花供给短期内缺乏价格弹性，说明棉花供给在短期内虽然会受价格影响，但影响较小。在控制其他因素变化的情况下，当市场价格上涨 1% 时，棉花供给增长 0.21%~0.30%。根据短期价格弹性计算得到的长期价格弹性都大于1，尤其是考虑补贴政策的模型3和模型4中，长期价格弹性最高，分别为2.526和3.512，说明补贴政策增加了棉花播种面积对价格变动反应的敏感性。

3）滞后一期棉花生产成本。滞后一期的棉花种植成本对农户棉花供给行为具有显著负效应，模型1至模型4中，棉花生产成本的弹性系数分别为-0.249、-0.143、-0.333和-0.276，说明在控制其他因素变化的情况下，棉花生产成本每增长1%，棉花播种面积减少程度分别为0.249、0.143、0.333和0.276。在既定的生产技术水平和要素禀赋下，生产成本的提高会挤占棉花种植收益，农户会减少棉花种植面积。

4）综合替代作物价格。模型2和模型4的估计结果显示，滞后一期综合替代作物市场价格对农户棉花供给具有显著负向影响，短期交叉价格弹性系数分别为-0.183和-0.095，长期交叉价格弹性分别为-1.419和-1.105，说明长期来看，棉花供给对替代作物价格变动的反应灵敏度会增强。相较于模型2，在考虑政策因素的模型4中，替代作物的短期和长期交叉价格弹性系数的绝对值都较低，可能是由于棉花补贴政策一定程度上激励了农户植棉积极性，降低了改种其他作物的可能。

5）政策因素。从模型3和模型4的估计结果来看，临时收储政策和目标价格支持政策对农户棉花供给行为有显著影响，但两者影响方向和程度有所区别。临时收储政策对棉花供给有微弱的反作用。2011—2013年3年间，全国棉花种植面积由452.4万hm^2下降到416.2万hm^2，除了新疆地区，其他各省的棉花种植面积都有不同程度下降。由此可见，棉花临时收储政策并没有达到稳定主产区棉花种植面积的预期，这与其他学者的分析结果一致（谭砚文 等，2014；秦中春，2015）。从2014年起实施的棉花目标价格政策对农户棉花供给行为有显著正向影响，说明该政策的实施对稳定棉花供给有积极作用。值得注意的是，目标价格支持政策的弹性系数为0.142，相对其他解释变量的系数来说比较小，说明该政策对稳定棉花供给决策的效应仍有待提高，需要未来进一步进行调整、优化和完善。

5.6 结论和建议

本书结合当前我国棉花产业发展的现实背景，利用2001—2019年新疆、安徽、河南、山东、湖北等12个棉花主产省（区）的面板数据，运用Nerlove模型构建我国棉花供给反应模型，对影响我国棉花播种面积的滞后一期棉花播种面积、滞后一期棉花市场价格、滞后一期棉花生产成本、综合替代作物价格和补贴政策等因素进行实证分析，得出以下结论：一是农户棉花生产具有一定惯性，短期内不会轻易调整播种面积，上一期棉花播种面积对即期棉花供给有较强影响；二是棉花供给在短期内缺乏价格弹性，长期富有价格弹性，补贴政策增加了棉花播种面积对价格变动反应的敏感性；三是生产成本的提高会挤占棉花种植收益，农户会相应减少棉花种植面积；四是长期来看棉花供给对替代作物价格变动的反应灵敏度会增强，而棉花补贴政策一定程度上会激励农户植棉积极性，降低其改种其他作物的可能；五是棉花目标价格政策的实施对稳定棉花供给有积极作用，但相较于其他主要影响因素来说，效应有待提高，未来存在进一步优化调整和完善的空间。

基于以上结论及当前我国棉花产业发展形势，有如下建议。一是应强化棉花市场供需监测预警，切实调动棉农植棉积极性。实证结果显示，短期内棉农种植结构调整存在时滞性，而棉农收益容易受到棉花市场价格大幅波动的影响，进而影响到其种植积极性，最终会对棉花生产产生影响。因此，应根据市场供需形势进一步完善棉花收储和抛储机制，综合利用信息引导、储备调节、贸易等手段做好棉花市场调控，进一步强化棉花市场监测预警，加强面向棉农的生产资料、棉花市场供求等动态信息推送，切实增强农户植棉信心和意愿，合理引导农户棉花生产决策，确保棉花种植面积基本稳定。二是建立目标价格长效和动态调整机制，增强政策的连续性和弹性空间。从政策效果看，棉花目标价格政策在保障棉农收益和稳定棉花生产等方面取得了显著成效，已成为棉花产业稳定发展的重要调控政策；从实际和研究结果看，目标价格水平不仅关系棉农种植积极性，更关系到产业安全和可持续发展，对解决内外价格倒挂和确保国内市场供给尤其重要。因此，应根据国内外棉花供需形势、价格水平等，探索建立目标价格政策长效机制和价格水平动态调整机制，积极推进棉花目标价格保险试点，因地制宜开展价格保险、收入保险等多种模式试点，增强调控政策的连续性和弹性空间，促进棉花产业稳定可持续发展。三是应加大新品种培育和机械化技术研发力度，有效降低生产成本和提高植棉比较收益。棉花生产成本过高既是棉农比较收益水平总体不高的主要原因，也是我国棉花产业竞争力持续提升的瓶颈所在。因此，应进一步加大研发力度，根据纺织行业需求，以培育高适纺性棉花品种为目标，选育机采棉新品种，并鼓励引进国外优质良种资源；开发轻简化育苗、机械化种植、智能化管理等棉花生产技术，在提高生产效率的同时，有效降低劳动力成本，促进棉花产业提质增效。四是应培育新型植棉经营主体，建立健全社会化服务体系。近年来，虽然我国棉花生产逐步向规模化发展，但"小农户"与"大市场"的矛盾仍较为明显，经营主体组织化程度和社会化服务水平均有待提高。因此，应加快构建专业化、现代化、社会化的棉花生产经营体系，持续提升集约化、组织化和规模化水平，着力提高棉花品质和植棉效益，提高棉花生产者在市场上的话语权和定价议价能力，促进国内棉花产业持续健康发展。

第 6 章

政策调整对主产区棉花生产技术效率的影响

6.1 引言

农业生产具有基础性、外部性和准公共产品等特征（程国强，2011），农业支持和补贴是全球各国支持农业发展和保障农民收入的重要工具（钟甫宁 等，2008；高鸣 等，2017）。随着农产品流通体制改革和粮食收购市场的放开，我国逐步构建了完整的农业支持保护体系（程国强，2011；朱满德 等，2015），主要包括4个方面的内容：一是实施最低收购价和目标价格政策，在收购环节放开市场，取消保护价收购和临时收储；二是取消农业税，并给予农民粮食直补、农资综合补贴、良种补贴和农业机构购置等补贴；三是实施以关税配额为主的农产品进出口调节制度；四是建立粮食、棉花等重要农产品的国家储备体系。伴随农业支持保护体系的不断完善和农业补贴政策改革的持续推进，就农业政策能否有效增加农产品供给和促进农民收入，引起国内外学术界普遍关注和讨论。诸多研究将粮食全要素生产率作为评估农业补贴政策效果的重要指标。通过对玉米、小麦、水稻等主粮产品及油料等重要农产品全要素生产率变化的测度分析，学者们认为农业补贴政策的实施，推动了技术进步对人力要素和物质要素的替代，最终推动了粮食增产、农业增效和农民增收（李谷成 等，2014；朱满德 等，2015；高鸣 等，2017）。

2014年，我国取消实施3年的棉花临时收储政策，在新疆实施棉花目标价格改革试点。根据国家发展改革委和财政部联合下发的《新疆棉花目标价格改革试点工作实施方案》，新疆棉花目标价格改革试点的主要目标包括"保护新疆棉花种植面积和产量基本稳定，保障国家棉花安全，促进新疆棉花产业发展……凸显新疆棉花的产地优势"。2014年以来，棉花目标价格改革试点已实施了两轮，它与生产"脱钩"的补贴政策效果如何？是否达到了预期设定的目标？下一步如何提高该政策的有效性和精细化？

已有研究多关注补贴政策对棉花稳产和棉农增收的影响，从主产区棉花生产效率的视角来评估目标价格政策影响的研究较少。一方面，补贴属于政府对棉农的财政转移性支付，如果仅从成本收益的视角来测度政府对棉农收入的补偿作用，考察的是政策的直接收入效应，容易忽视政策对棉农的激励作用和对稳定棉花生产的贡献，从而低估政策补贴效果；另一方面，作为政策变量，目标改革补贴能否达到设定的"保护棉花产量基本稳定、凸显产地优势、保障棉农基本收益"，关键在于是否促进主产区棉花生产效率的提高，例如提高棉花单产水平等，才能反映政策对生产的支撑作用。因此，农业生产技术效率提高与否是评价农业补贴政策效果的重要指标（李谷成 等，2014；庞辉，2017），有必要对政策实施后新疆棉花生产技术效率进行分析和评价，从而为完善棉花目标价格补贴政策提供理论支撑和决策参考。本章首先测量和分解新疆及黄河流域和长江流域9省棉花全要素生产率及其构成，比较目标价格补贴政策实施前后各主产省（区）棉花生产效率的变化；在此基础上分析目标价格补贴政策和棉花生产技术效率的变动关系。

6.2 目标价格补贴政策对棉花生产效率的作用路径

已有研究对棉花目标价格政策实施效果的测量多侧重于农业增产、种植结构调整和农民增收等方面,但补贴作为政策变量,能否真正促进棉花生产和棉农收入可持续增长,关键在于是否促进了生产效率的提高,例如单产的提高,这才是产业发展的最核心要素。同时,如果只考量直接收入效应,很容易将补贴简单地理解为发放给农户的一笔收入性补贴,就忽视了补贴作用机制是通过促进农业生产来增加农民收入,违背了政策设计的初衷,也容易产生误导。实践中棉农也不是"种了就补",除了种植面积,还需要和产量和质量挂钩。

诸多关于农业补贴效果的研究表明,补贴政策通过增加收入、稳定预期、支撑收益等作用来影响生产者决策和经营行为(李谷成 等,2014;关建波,2014;朱满德 等,2015;孙鲁云 等,2020)。棉花目标价格补贴政策主要通过补偿棉农收入和缓解投入约束来实现对棉花生产效率的影响(图6-1)。资金投入和要素投入是棉花生产的关键因素,补贴政策对棉花生产效率产生作用的路径也是从这两个方面入手。补贴可以增加棉农收入和缓解投入约束,促进农户增加要素投入和机械化生产,扩大棉花种植规模。

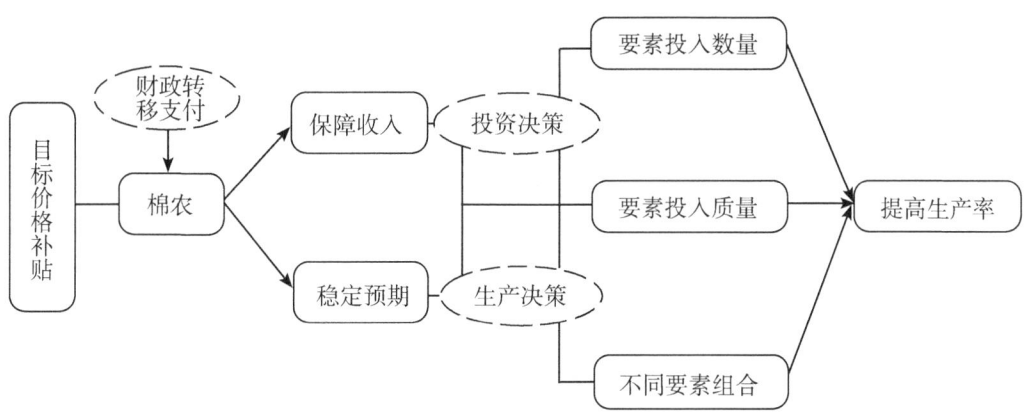

图6-1 目标价格补贴政策对棉花生产效率的作用路径

6.3 主产区棉花生产技术效率测算

6.3.1 研究方法

棉花生产技术效率指棉花单位要素投入得到的棉花产出水平,由于涉及时间变化和其他动态变化因素，本部分采取全要素生产率（Total Factor Productivity，TFP）来衡量棉花生产技术效率。测算 TFP 的方法主要有指数法、增长函数法（索洛余值法）、数据包络分析法（DEA）和随机前沿分析法（SFA）。相较于其他方法，DEA 可以将 TFP 变化进一步细分为技术变化、技术效率变化和规模变化，同时，适合对多指标投入产出的生产活动效率进行测量，符合农业生产活动特征，因此本书采用 DEA 法进行 TFP 的测算与分析。全要素生产率可定义为总产出（Q_{it}）与总投入（X_{it}）的比值：

$$TFP_{it} = Q_{it} / X_{it}$$

式中，Q_{it} 为产出量集合，表示生产主体 i（各棉花主产省/区）在 t 时期的总产出情况；X_{it} 为投入量集合，表示生产主体 i 在 t 时期的总投入情况。

省份 i 在时间 t 的 TFP 和省（区）k 在时间 s 的 TFP 的对比定义为全要素生产率指数（TFP index，TFPI），衡量生产率的变化：$TFPI(x_{it}, q_{it}, x_{ks}, q_{ks}) = TFP(x_{it}, q_{it}) / TFP(x_{ks}, q_{ks})$

进一步可将全要素生产率分解为 4 个部分：技术效率（output-oriented technical efficiency，OTE）、产出导向的技术和混合效率（output-oriented technical and mix efficiency，OTME）、产出导向的规模和混合效率（output-oriented scale and mix efficiency，OSME），以及技术、规模和混合效率（technical, scale and mix efficiency，TSME），4 个分项基本可以较全面反映 TFP 增长的原因。具体表示为：

如果产出组合已定，生产主体 i 在 t 时期和 r 环境下可得到的最大产出为 $Q(\bar{q}_{it})$，那么基于产出的技术效率为：$OTE^t(x_{it}, q_{it}, r_{it}) = Q(q_{it}) / Q(\bar{q}_{it})$

如果产出组合未定，生产主体 i 在 t 时期和 r 环境下可得到的最大产出为 $Q(\hat{q}_{it})$，那么基于产出的技术和混合效率为：$OTME^t(x_{it}, q_{it}, r_{it}) = Q(q_{it}) / Q(\hat{q}_{it})$

基于产出的规模和混合效率可以定义为：$OSME^t(x_{it}, q_{it}, r_{it}) = TFP(x_{it}, \bar{q}_{it}) / TFP^t(x_{it}, q_{it}, r_{it})$

如果生产主体 i 在 t 时期和环境 r 能够达到的最大 TFP 为 $TFP^t(r_{it})$，那么技术、规模和混合效率（TSME）为：$TSME^t(x_{it}, q_{it}, r_{it}) = TFP(x_{it}, q_{it}) / TFP^t(r_{it})$

TSME 的公式可以改写为：$TFP(x_{it}, q_{it}) = TFP^t(r_{it}) \times TSME^t(x_{it}, q_{it}, r_{it})$

因此，OSME 的公式可以改写为：

$OSME^t(x_{it}, q_{it}, r_{it}) = TSME^t(x_{it}, q_{it}, z_{it}) / OTE^t(x_{it}, q_{it}, r_{it})$

那么生产主体 i 在时期 t 的 $TFP^t(r_{it})$ 与生产主体 k 在时期 s 的 $TFP^s(r_{rs})$ 的比值可以定义为 TFP 指数（TFP index，TFPI）：

$$TFPI(x_{it}, q_{it}, x_{ks}, q_{ks}) = \frac{TFP(x_{it}, q_{it})}{TFP(x_{ks}, q_{ks})} = \frac{TFP^t(r_{it})}{TFP^s(r_{zs})} \times \frac{TSME^t(x_{it}, q_{it}, r_{it})}{TSME^s(x_{ks}, q_{ks}, r_{ks})}$$

根据 TSME 和 OSME 的公式，可知：

$$TFPI(x_{it}, q_{it}, x_{ks}, q_{ks}) = \frac{TFP^t(r_{it})}{TFP^s(r_{rs})} \times \frac{OTE^t(x_{it}, q_{it}, r_{it})}{OTE^s(x_{ks}, q_{ks}, r_{ks})} \times \frac{OSME^t(x_{it}, q_{it}, r_{it})}{OSME^s(x_{ks}, q_{ks}, r_{ks})}$$

其中，$\frac{TFP^t(r_{it})}{TFP^s(r_{rs})}$ 为环境、技术进步指数（ETI），如果环境因素 r 不发生变化，则 $\frac{TFP^t(r_{it})}{TFP^s(r_{rs})}$ 反映时期 t 与时期 s 相比的技术变化；$\frac{OTE^t(x_{it}, q_{it}, r_{it})}{OTE^s(x_{ks}, q_{ks}, r_{ks})}$ 为基于产出的技术效率指数（OTEI），反映时期 t 与时期 s 相比的技术效率变化；$\frac{OSME^t(x_{it}, q_{it}, r_{it})}{OSME^s(x_{ks}, q_{ks}, r_{ks})}$ 为基于产出的规模和混合效率指数（OSMEI），反映时期 t 与时期 s 相比的规模和混合效率变化。

对棉花全要素生产率的分解有利于向决策者提供更准确的效率提升方向，如技术效率可以通过开展教育和培训项目，规模和混合效率可以通过补贴等手段改变相对价格等（O'Donnell，2012），从而有助于提出完善政策和精细化建议。

本节参考 O'Donnell（2012，2018）采用的数据包络分析法（Data Envelopment Analysis，DEA）对相关指标进行计算。

6.3.2 数据说明

以 2004—2018 年新疆、河北、山东、河南、湖北、湖南、安徽、江苏、江西、甘肃 10 个棉花主产省（区）为研究对象，每个省（区）作为一个生产单元（DMU）。根据棉花生产投入的实际情况和数据可获得性、完善性，选取每亩主产品产值作为棉花产出指标，投入指标包括劳动力投入、物质投入、服务投入和土地投入，其中，用每亩人工成本代表劳动力投入，将每亩化肥费、农药费和种子费加总作为物质投入，将每亩灌溉费和机械作业费加总作为服务投入，以每亩土地成本作为土地投入。数据均来自《全国农产品成本收益资料汇编》（2005—2019 年历年）。对于各省（区）存在的缺失值，本研究采用以下手段处理：一是生产和投入数量数据按照全国产出增长率推算；二是生产价格按照农产品生产价格指数增长率推算；三是投入品价格按照农业生产资料价格指数增长率推算。

6.3.3 目标价格补贴政策实施前后棉花生产效率的变化

（1）全国棉花全要素生产率指数（TFP 指数）变化的比较分析

从整体来看，2004—2018 年全国棉花全要素生产率指数呈增长态势（表 6-1），年均增长率为 2.77%。其中，2004—2013 年年均增长率为 1.13%，实施棉花目标价格补贴政策后，2014—2018 年年均增长率为 3.48%。从全要素生产率构成来看，2004—2013 年技术进步指数经历了先增后减的变化过程，其中 2004—2008 年平均增长率为 1.033，而 2009—2013 年则下降至 0.979，2014 年实施目标价格补贴政策后，2014—2018 年技术进步指数以年均 1.87% 的速度上升至 1.066。规模和混合效率指数呈上升态势，但从年均增长率来看，2004—2008 年与 2014—2018 年均为 1.59%，基本不变，说明规模和混合效率增长速度有放缓态势。技术效率指数呈倒"V"字变化态势，从 2004—2008 年平均 0.999，上升到 2009—2013 年平均 1.000，在目标价格补贴实施后，又下降到2014—2019年平均0.961。综上表明，全国棉花全要素生产率的提高主要得益于技术进步带来的结果，而不是技术效率、规模和混合效率作用的结果。

表6-1 2004—2018年全国棉花全要素生产率指数变动及其分解

年份	TFP指数	技术进步指数	规模和混合效率指数	技术效率指数
2004	0.963	1.015	1.000	0.959
2005	0.964	1.008	1.020	0.946
2006	1.087	1.020	1.040	1.037
2007	1.005	1.014	1.020	0.981
2008	1.288	1.111	1.082	1.073
2004—2008年平均	1.061	1.034	1.032	0.999
2009	1.236	1.067	1.104	1.048
2010	1.067	1.009	1.126	0.940
2011	1.136	1.000	1.148	0.984
2012	1.121	0.906	1.171	1.047
2013	1.078	0.914	1.194	0.980
2009—2013年平均	1.128	0.979	1.149	1.000
2014	1.222	0.978	1.218	1.017
2015	1.346	1.266	1.242	0.855
2016	1.186	0.993	1.267	0.941
2017	1.286	1.019	1.292	0.968
2018	1.450	1.073	1.318	1.022
2014—2018年平均	1.298	1.066	1.267	0.961

（2）各主产区棉花TFP指数变化的比较分析

从各主产省（区）来看（表6-2），在棉花目标价格补贴政策实施以后，江苏、江西、湖北产区棉花全要素生产率有所下降，其他主产省（区）棉花全要素生产率虽有所上升，但幅度较小，只有新疆年均全要素生产率指数增长幅度最大，为51.46%。从TFP分解来看，新疆棉花全要素生产率较高主要来自技术进步指数、规模和混合效率指数，前者从2004—2008年平均的1.041上升到2014—2018年平均1.275，后者从1.118上升至1.481。其他大部分产区规模和混合效率指数都在下降，说明目标价格补贴政策的实施对优势产区棉花生产技术进步和规模起到了推动作用。

（3）分析结果

从对全国及10个主产省（区）棉花全要素生产率的测度结果来看，棉花目标价格补贴实施后，全国及大部分产区棉花全要素生产率整体呈上升态势，其中以新疆年均全要素生产率增长幅度最大。从全要素生产率分解来看，技术进步是棉花全要素生产率上升的主要原因，尤其是政策实施对新疆棉区技术进步和规模起到了重要的促进作用。详见表6-2。

表6-2 2004—2018年主产省（区）棉花全要素生产率指数变动及其分解

主产省（区）	年份	TFP指数	技术进步指数	规模和混合效率指数	技术效率指数
河北	2004—2008年平均	1.264	1.041	1.453	0.897
	2009—2013年平均	1.293	1.149	1.163	1.056
	2014—2018年平均	1.596	1.275	1.111	1.072
江苏	2004—2008年平均	1.107	1.041	1.135	0.958
	2009—2013年平均	1.118	1.149	0.950	1.016
	2014—2018年平均	1.043	1.275	0.912	0.962
安徽	2004—2008年平均	0.978	1.041	1.035	0.903
	2009—2013年平均	1.095	1.149	1.211	0.784
	2014—2018年平均	1.437	1.275	1.335	0.880
江西	2004—2008年平均	0.884	1.041	0.807	1.073
	2009—2013年平均	0.949	1.149	0.732	1.144
	2014—2018年平均	0.948	1.275	0.722	0.970
山东	2004—2008年平均	1.402	1.041	1.372	1.017
	2009—2013年平均	1.348	1.149	1.225	0.968
	2014—2018年平均	1.481	1.275	1.142	0.941
河南	2004—2008年平均	1.047	1.041	1.092	0.914
	2009—2013年平均	1.176	1.149	1.088	0.906
	2014—2018年平均	1.307	1.275	1.162	0.865
湖北	2004—2008年平均	1.096	1.041	1.022	1.035
	2009—2013年平均	1.254	1.149	0.982	1.092
	2014—2018年平均	1.136	1.275	0.999	0.835
湖南	2004—2008年平均	0.798	1.041	0.742	1.040
	2009—2013年平均	0.784	1.149	0.714	0.877
	2014—2018年平均	0.859	1.275	0.645	1.045
甘肃	2004—2008年平均	1.104	1.041	1.096	0.951
	2009—2013年平均	1.227	1.149	1.008	0.989
	2014—2018年平均	1.549	1.275	1.167	0.945

(续表)

主产省（区）	年份	TFP 指数	技术进步指数	规模和混合效率指数	技术效率指数
新疆	2004—2008 年平均	1.366	1.041	1.118	1.117
	2009—2013 年平均	1.647	1.149	1.229	1.094
	2014—2018 年平均	2.069	1.275	1.481	1.036

6.4 目标价格补贴政策对主产区棉花生产效率的影响

6.4.1 模型和变量设定

本研究采用2004—2018 年全国 10 个棉花主产省（区）相关数据，将棉花目标价格补贴政策作为虚拟变量引入模型，模拟补贴政策对这些区域棉花全要素生产效率的影响程度。本研究将可能影响棉花全要素生产率的因素分为资源禀赋、政策因素、要素投入、其他投入成本、时间趋势等方面，其中政策因素为核心变量，其他为控制变量。模型设定如下：

$$E_{it} = \beta_0 + \beta_1 area_{it} + \beta_2 fer_{it} + \beta_3 cost_{it} + \beta_4 labor_{it} + \beta_5 p + \beta_6 t + \mu_{it}$$

式中，$area_{it}$ 为棉花种植面积（万亩），fer_{it} 为化肥投入数量（kg/亩），$cost_{it}$ 为化肥以外的其他物质和服务费用（元/亩），$labor_{it}$ 为人工投入（d/亩）。以上变量数据来自 2005—2019 年《全国农产品成本收益资料汇编》《中国统计年鉴》。p 为目标价格政策虚拟变量，考虑到 9 省实行 2 000 元/t 的定量补贴，并非严格意义上的目标价格补贴政策，补贴方式和补贴金额与新疆均不同，故 2014—2018 年新疆棉区取 1，其余年份的其他地区取 0。t 为时间趋势变量，2004—2018 年依次赋值 0~15。

因变量 E_{it} 为棉花全要素生产率指数，采用 Tobit 模型进行分析，根据全要素生产率指数对 E_{it} 进行重新赋值：当 TFP 指数>1 时，$E_{it}=1$；当 TFP 指数≤1 时，$E_{it}=0$。

6.4.2 估计结果

本节采用 STATA 15.0 对 Tobit 模型进行回归，结果如表 6-3 所示。棉花种植面积和化肥投入数量没有通过显著性检验，表明增加土地和化肥投入难以对棉花生产效率产生影响。在 10%的显著性水平下，其他物质和服务费用、人工投入对棉花全要素生产率有显著负向影响，政策虚拟变量——棉花目标价格补贴政策和时间趋势在 1%显著水平下，对棉花全要素生产率均有显著正向影响。结合棉花全要素生产率指数在 2014—2018 年政策实施前后的变化，进一步证明，目标价格补贴可以显著提高主产区棉花生产效率。同时，结合棉花全要素生产率分解结果来看，目标价格补贴政策的实施对棉花生产技术进步有重要的提升作用，补贴增加了生产者收入和投资能力，会促进其采用新技术和优化组合要素投入。

表 6-3 Tobit 模型回归结果

自变量	单位	系数估计值	标准误	t 值
棉花种植面积	万亩	-0.006 1	0.003 8	-1.61
化肥投入数量	kg/亩	-0.002 9	0.192 3	-0.02
其他物质和服务费用	元/亩	-0.029 1*	0.014 6	-1.99
人工投入	d/亩	-0.033 7*	0.016 8	-2.01
政策虚拟变量	—	0.532 1**	0.202 8	2.62
时间趋势变量	—	0.072 2**	0.026 2	2.76
似然比检验				
$>\chi^2$ (6)		78.29		
$Prob>\chi^2$		0.000 0		
$Pseudo\ R^2$		-0.383 2		
$Log\ likelihood$		132.912 7		

注：*、**、*** 依次表示在 10%、5% 和 1% 水平下显著。

6.5 结论和建议

本章主要采用 DEA-Tobit 两步法测量和评价目标价格补贴政策对主产区棉花生产技术效率的影响，即：首先，测量和分解新疆及 9 省棉花全要素生产率及其构成，比较目标价格补贴政策实施前后各主产省（区）棉花生产效率的变化；在此基础上，分析目标价格补贴政策和棉花生产技术效率的变动关系。

从对全国及 10 个主产省（区）棉花全要素生产率的测度结果来看，棉花目标价格补贴实施后，全国及大部分产区棉花全要素生产率整体呈上升态势，其中以新疆年均全要素生产率增长幅度最大。从全要素生产率分解来看，技术进步是棉花全要素生产率上升的主要原因，尤其是政策实施对新疆棉区技术进步和规模起到了重要的促进作用。通过对棉花全要素生产率影响因素的分析发现：棉花目标价格补贴政策和时间趋势在 1% 显著水平下，对棉花全要素生产率均有显著正向影响。结合棉花全要素生产率指数在 2014—2018 年政策实施前后的变化，进一步证明，目标价格补贴可以显著提高主产区棉花生产效率。同时，结合棉花全要素生产率分解结果来看，目标价格补贴政策的实施对棉花生产技术进步有重要的提升作用，补贴增加了生产者收入和投资能力，会促进其采用新技术和优化组合要素投入。

相应地，研究提出以下几点对策建议。第一，继续加大对棉农补贴的力度。棉花目标价格补贴对保障棉农基本收益、稳定棉花生产，以及促进棉花产业可持续发展具有积极作用，因此需要继续实施目标价格补贴，并提高补贴资金使用和利用率。第二，对适度规模经营农户进行重点补贴，推动棉花生产规模化经营。培育新型植棉经营主体，建立健全社会化服务体系。近年来，虽然我国棉花生产逐步向规模化发展，但"小农户"与"大市场"的矛盾仍较为明显，经营主体组织化程度和社会化服务水平均有待提高。第三，提高棉花生产投入的要素利用水平，进一步提升棉花生产率。在稳定棉花产量的同时，以培育高适纺性棉花品种为目标，选育机采棉新品种，并鼓励引进国外优质良种资源。开发轻简化育苗、机械化种植、智能化管理等棉花生产技术，在提高生产效率的同时，有效降低劳动力成本，促进棉花产业提质增效。

第 7 章
政策效果、存在的主要问题和产业发展挑战

7.1 目标价格补贴政策实施效果

2014—2019年经过两轮的改革试点和深化实施，新疆棉花目标价格改革取得了显著成效，基本摸清新疆棉花面积和产量底数，通过建立信息平台率先实现了全产业链信息收集、管理和监控。支撑了优势产区棉花种植面积和产量，保障了主产区棉农的基本收益，是在农业补贴政策中对价格与政府补贴脱钩的有益探索。对棉花产业来说，促进了棉花生产向优势产区集中，实现了生产、流通、加工、纺织的棉花全产业链良性发展，提升了棉花质量和出口竞争力，为其他农产品目标价格改革提供了宝贵经验。

7.1.1 新疆棉区补贴政策效果

稳定新疆棉花生产和保障棉农收入在新疆经济发展中具有重要意义，选择新疆作为政策改革试点区，有利于保障我国棉花产业安全、优化种植业结构和促进民族地区繁荣稳定。国内棉花种植区域近年来持续向新疆集中，自2014年实施的新疆棉花目标价格改革试点加速了集聚的进程，目前新疆已成为我国棉花播种面积最广、总产量最多、单产水平最高的地区，2019年新疆棉花播种面积和产量分别占全国比重为76%和84.9%。新疆植棉区域主要分布在全疆60多个县（市）和100多个团场。全疆50%左右的农户从事棉花生产，7成以上是少数民族，农民人均纯收入中35%来自棉花，主产区则在60%以上。

棉花目标价格补贴一定程度上弥补了价格下降造成的收入损失，对棉农植棉收益形成了基础保障。根据国家棉花监测统计数据，2019年国内棉花（3128B级）价格为14 258元/t，与2013年相比降幅达5 089元/t，按2019年新疆棉花单产131.27 kg/亩大致折算，每亩棉花收入下滑约为668.03元，补贴一定程度上弥补了价格下降造成的收入损失。目标价格补贴方式因地制宜，不断改革创新，除了全区实施按棉花交售量的补贴方式外，还将补贴总额的10%用于南疆"四地州"实施按面积补贴，较好地保障了少数民族地区棉农收益的稳定性。

补贴政策提高了新疆棉花技术进步和质量提升。2019年新疆棉花单产达到131.3 kg/亩，棉花机采率超过50%，品质方面，择机在部分区域开展补贴与质量挂钩试点和"保险+期货"试点，提升了生产者和流通企业的质量意识，新疆棉公检指标逐渐向优级发展，尤其是2017年在部分地区开展补贴与质量挂钩试点后，2019年新疆棉28 mm及以上纤维长度占94%以上，适纺性不断提高。

7.1.2 黄河流域和长江流域棉区补贴政策效果

黄河流域和长江流域棉花是我国棉花供给的重要来源，稳定棉花生产对于保障我国棉花产业供给安全和可持续发展具有重大意义。受棉花补贴政策向新疆倾斜，劳动力成本快速上升和植棉比较收益下降等因素影响，黄河流域和长江流域棉花面积快速萎缩，占全国的比重不足1/4，且存在进一步萎缩的趋势。从国家棉花生产发展看，大幅度提高黄河流域和长江流域植棉面积难度较大，新疆棉和进口棉支撑国内棉花消费的格局难以逆转，但从棉花产业安全、农业资源开发利用及区域经济发展角度来看，保有一定量的棉花面积非常必要。

棉花补贴一定程度上弥补了价格下降造成的收入损失，对棉农植棉收益形成了基础保障。2014年，国家启动新疆棉花目标价格改革，取消在全国实施的棉花临时收储政策。为缓解棉区价格下滑和棉农收益受损问题，对山东、湖北、湖南、河北、江苏、安徽、河南、江西和甘肃9省给予每吨2 000元的补贴，以后年度的补贴标准以新疆补贴额的60%为依据，上限不超过2 000元/t。中央财政根据国家统计局核定的棉花产量对黄河流域和长江流域主产棉省份进行补贴，每年的补贴资金在32亿元左右，各省份自主决定具体补贴方式，补贴标准在200~300元/亩。

由于黄河流域和长江流域棉区获得的棉花补贴支持力度有限，同时受劳动力成本快速上升、植棉比较收益下降等因素影响，黄河流域和长江流域棉区持续萎缩，棉花生产不断向新疆集中。2014—2019年，黄河流域和长江流域9省棉花播种面积从3 224.0万亩减少到1 150.4万亩，下降64.3%；产量从233.8万t减少到84.7万t，下降63.8%；植棉面积比重从50.9%降为23.0%，产量比重从37.9%降为14.4%。9省中，棉花种植主要集中在河北、山东和湖北三省，植棉面积和产量合计占比分别为69.9%和66.9%。其中，面积最大的河北省，2019年棉花种植面积为305.9万亩，产量22.7万t；山东省植棉面积254万亩，产量19.6万t；湖北省植棉面积244.2万亩，产量14.4万t。

为稳定国内棉花基本平衡的供需格局和棉花自给率做出了重要贡献。据国家统计局数据，2017—2019年9省棉花平均产量为103万t，占国内棉花总产量的比重为18.3%，相当于同期进口总量的68%，为我国保持70%以上的棉花自给率做出了巨大贡献。此外，棉花面积下滑趋势也有所放缓，2019年9省棉花种植面积为1 138.8万亩，较上年减少7.8%，但较2018年31.28%的降幅明显收窄。

7.2 目标价格补贴政策存在的主要问题

7.2.1 新疆棉区政策实施存在的主要问题

7.2.1.1 产区高度集中，加大棉花产业风险

随着黄河流域和长江流域棉花产量连年下滑，大量纺织企业原材料正由原先自产自用的"产区型"演变为依靠采购新疆棉为主的"销区型"，单靠新疆产区能否形成全国用棉供应的切实保障值得商榷，一旦新疆出现自然灾害，可能会对国内棉花供给造成严重冲击。同时还需要考虑新疆地域的特殊性，部分国外政策也给国内高度集中的原棉产业敲响警钟。

7.2.1.2 重产量、轻质量的问题仍然存在

全区棉花补贴金额的90%仍以棉花交售量为依据，虽然保证了棉花供给量，杜绝

了种植面积补贴造成的"懒人种地"现象，但也造成了"重产量、轻质量"的问题，一致性差、"三丝"严重、强力不够等质量问题仍没有得到根本解决。在质量补贴试点中没有对补贴金额统一，为 0.1 元/kg、0.20 元/kg、0.39 元/kg 不等，差别较大。公检中对质量管控不严，经常出现同一个农户、同一块地、同一品种，在不同时间、不同车次，公检结果不一致的现象；质量检测靠"跑关系"；轧花厂检测棉花质量"凭感觉"等问题层出不穷，与补贴初衷大相径庭。

7.2.1.3 补贴资金发放周期长，行政执行成本高

目前补贴资金分两批下发到棉农手中，第一批一般在当年年底发放，第二批则要到翌年 7—8 月才能陆续发放完毕，周期较长。一方面，补贴资金不能及时下发，棉农在春播时需要自己出资垫付或贷款购买种子、化肥、农药、地膜等生产资料，不利于稳定棉农种植预期；另一方面也增加了行政成本，每一次补贴资金的兑付要从区、市、县、村逐级经财政和农业部门审核、发放，费时费力，增加了行政成本。以新疆玛纳斯县（表 7-1）和岳普湖县为例，2014 年两县在棉花面积核实和补贴发放上花费金额高达 123.01 万元和 155 万元。两县是新疆地方县乡两级工作的缩影，2014 年中央共拨付棉花目标价格补贴资金 277.1 亿元，其中拨付新疆 230 亿元、黄河流域和长江流域 9 省 46.76 亿元，仅棉花单一品种的目标价格补贴就占了全年中央财政农林水支出总额的 4.3%。

表 7-1　玛纳斯县棉花面积核实经费明细表

项目	调查组数（个）	调查人数（人）	调查天数（天）	工作差旅费（万元）	车辆使用费（万元）	设备购置费（万元）	宣传培训费（万元）	档案资料费（万元）	信息化管理费（万元）	其他费用（万元）	小计（万元）
六户地镇	7	56	308	4.62	2.64	1.75	0.85	0.60	1.20	0.20	11.86
北五岔镇	9	65	358	5.36	2.80	1.75	0.85	0.75	1.30	0.20	13.01
兰州湾镇	8	60	330	4.95	2.95	1.75	0.80	0.75	1.30	0.20	12.70
广东地乡	6	55	303	4.54	2.45	1.75	0.70	0.50	1.00	0.20	11.14
包家店镇	10	80	440	6.60	3.25	1.75	0.95	0.80	1.60	0.20	15.15
乐土驿镇	8	60	330	4.95	2.88	1.75	0.85	0.75	1.30	0.20	12.68
玛纳斯镇	5	46	253	3.80	1.95	0.70	0.60	0.40	1.00	0.20	8.65
其他乡镇场站	6	60	330	4.95	3.20	1.40	0.75	0.60	2.00	0.20	13.10
县级	4	30	165	2.48	3.40	5.25	8.10	1.00	3.00	1.50	24.73
全县合计	63	512	2816	42.24	25.52	17.85	14.45	6.15	13.70	3.10	123.01

数据来源：实地调研。

7.2.1.4 受 WTO 规则约束，农业支持政策工具可用性受限

根据我国政府向 WTO 的通报，2014—2016 年我国棉花黄箱补贴已超过 8.5% 的微量允许，2016 年棉花补贴占棉花总产值的比重高达 21.32%。考虑到 8.5% 的微量允许

水平，2017 年我国对补贴方法进行了优化，以 2012—2014 年全国棉花平均产量的 85% 为上限，对享受补贴的新疆棉花采取上限管理，超出上限水平的部分不予补贴。但近年来新疆棉花产量维持较高水平，已经逼近棉花目标价格补贴政策蓝箱方案设计的限定条件，如不采取措施规避有可能引发其他成员国的质疑。

7.2.1.5 资源生态压力和地理区位问题

新疆多数地区干旱缺水，棉花种植面积扩张和规模化种植造成土地沙漠化、土壤肥力降低、地膜残留加大、次生盐碱化等问题，对当地生态环境的可持续发展造成潜在威胁。由于自然资源禀赋所限，新疆合理产棉量在 500 万 t 左右，一些次宜棉区需要加快退出植棉的步伐。由于远离销区，即使有新疆棉移库补贴，大量调运新疆棉仍然将提高纺织业的运行成本，棉纺行业的就业带动和出口创汇能力会受影响。

7.2.2 黄河流域和长江流域棉区政策实施存在的主要问题

7.2.2.1 补贴兑现时间晚，补贴力度偏低

9 省的棉花补贴政策落实即棉花种植面积的核实、补贴标准的核定、补贴款兑现都是要到第二年新棉上市之后实行，是事后补贴。虽然补贴增加了棉农收益，但对棉花种植期的促进和激励作用效果不大。各地补贴标准、方式不同，但都在 200～300 元/亩，与新疆棉花补贴标准相比普遍偏低。

7.2.2.2 补贴金额增加与面积缩减并存

在国家对农业的各类补贴政策中，棉花目标价格政策属于支持金额较大的惠农补贴，各地也严格执行国家棉花补贴政策。但从近几年黄河流域和长江流域棉区的生产形势来看，由于机械化程度低、劳动力成本上升，种植比较效益依然没有明显改观，补贴并没有让植棉面积止跌。以安徽望江县为例，该县是传统产棉大县，棉花面积最高时达 42.3 万亩。该县棉花补贴标准从 2014 年的 127.99 元/亩，一直增加到 2018 年的 275.67 元/亩，仍然改变不了种植面积持续下滑的趋势，2019 年缩减到 11 万亩，2020 年种植意向面积又减少 10%～12%。散户减少或放弃植棉的现象更为突出，相比之下种植大户（15 亩以上）由于补贴标准提高，种植面积比较稳定。

7.2.2.3 机械化水平低，生产效率提升较慢

目前，制约黄河流域和长江流域棉花产业发展的主要因素是棉花全程机械化管理难度较大，在现行的承包制度和植棉效益不易形成大规模种植局面。农村植棉劳动力老龄化现象严重，散户进入或退出棉花种植的随意性较强，棉花品质管理差。与新疆相比，黄河流域和长江流域棉区存在单产水平和机械化水平低、棉花品质差的问题。单产方面，2019 年黄河流域和长江流域 9 省平均单产仅为 73.7 kg/亩，为新疆棉区单产水平的 41%；机械化方面，2019 年棉区机收仍在试验示范阶段，在种植规模相对较大的山东，全省机采面积也不到 1 万亩；质量方面，由于棉花质量参差不齐，以山东为例，棉花长度在 28 mm 及以上的比例仅在四成左右。

7.2.2.4 公检加工能力不足，制约棉纺产业发展

由于近年来黄河流域和长江流域棉花种植面积和产量持续下滑，多数省份原有的棉

花加工企业数量相应地不断减少，加工规模同步萎缩，符合公检标准的 400 型棉花加工企业在各省布局较少和不均，部分地区仍以 200 型的小加工企业为主。据全国棉花交易市场数据，截至 2019 年 9 月，9 省参与棉花公检的棉花加工企业共有 172 家，其中山东 100 家、河南和江苏各 1 家，而江西和湖南没有送检加工企业。这一局面难以满足棉纺产业转型和纺织品消费升级需求。

7.3 我国棉花产业发展特征及挑战

我国是全球第二大原棉生产国、第一大棉花消费国和进口国，同时也是全球最大的纺织品服装出口国。在我国种植业中，棉花是仅次于粮食的大宗农产品，也是产业链延伸最长的农产品，涉及从棉花种植、加工流通、纺纱织布到纺织服装的多个环节，是一个结构完整、配套齐全、各环节关联度高的产业，也是劳动密集型、技术密集型和资金密集型产业，关系棉农、加工企业职工、纺织工人等数千万人的生计问题。棉花产业安全意味着全产业链上各个环节健康、协调、可持续发展。乌拉圭回合谈判中达成了纺织品贸易自由化协议，发达国家逐步放宽纺织品市场准入条件，发展中国家纺织品出口得到改善（关付新，2002；肖文兴，2012）。加入 WTO 以来，中国棉花产业国际化进程日益加快，参与全球纺织价值链程度持续加深。另外，我国棉花生产高度集中，质量不具备竞争优势。随着纺织业飞速发展，国内棉花资源不能满足纺织业日益增长的原棉需求的形势将日趋加剧，产不足需的局面仍将持续，进口量也将逐年提高，对国外棉花市场的依赖程度持续上升。国内棉花市场与国际高度接轨，需要直接面临国际市场的压力。如何在开放条件下，合理利用国内国外 2 个市场和 2 种资源，保障国内棉花产业安全，提高在全球棉花产业链中的话语权和竞争力值得深入探讨。

7.3.1 我国棉花产业发展特征

7.3.1.1 单产水平和生产能力不断提高

根据联合国粮食与农业组织数据，"入世"以来我国棉花年均种植面积约为 440 万 hm^2，年均产量保持在 610 万 t 左右，相当于用占全球 14.5% 的棉花面积贡献了 26.1% 的棉花产量。随着科技对棉花产出增长的贡献率不断提升，我国棉花单产水平在全球排名从 2001 年"入世"之初的第七位上升到 2019 年的第一位，年平均单产为 1 384.8 kg/hm^2，是全球平均单产的 1.9 倍。同时，我国棉花供给水平不断提高，库存消费比平均为 76.3%，远高于美国农业部和国际棉花咨询委员会提出的 30% 左右的安全水平。根据国家统计局数据，2019 年我国棉花种植面积为 333.9 万 hm^2，产量为 588.9 万 t，是仅次于印度的全球第二大棉花生产国。新疆是我国最大的棉花主产区，也是优质棉生产基地，独特的光、热、土地资源基础条件极为适合棉花生产，连续 25 年总产、单产、调出量位居全国第一位。2019 年新疆棉花种植面积为 254.1 万 hm^2，产量为 500.2 万 t，单产水平为 1 969.1 kg/hm^2。在单产水平不断提高的同时，棉花的遗传品质和生产品质得到全面改进和提高，适纺性不断增强（喻树

迅 等，2016）。

7.3.1.2 全方位支持体系日益完善

为推动棉花产业的发展，国家逐步建立了从生产、流通、储备到贸易的全方位支持体系。生产领域，包括棉花良种补贴（2007年至今）和新疆棉花目标价格改革（2014年至今）；流通领域，包括棉花临时收储政策（2011—2013年）、出疆棉运费补贴（2008年至今）、政策性储备调节机制（20世纪50年代至今）。通过关税配额管理（2000年至今）和滑准税制度（2005年至今）对棉花进口进行调控。同时，在实施过程中根据实际效果进行积极改进和创新。2011年起连续3年实施的棉花临时收储政策，短期内对于稳定国内棉花价格发挥了重要作用，但这种政府直接参与棉花临时收储的政策方式扭曲了棉花市场价格形成机制，造成了"国产棉入库，进口棉入市"的局面，加重了财政负担。2014年国家以棉花目标价格改革代替临时收储政策，并在科学试点基础上不断改进补贴方式，将补贴兑付次数由实施之初的四次调整为两次，产销监管和补贴流程简化高效，对于稳定优势产区供给和保障农民收入具有显著影响。针对棉花一季生产、常年消费，原料成本占棉纺织企业成本近七成的特点，我国建立了国家棉花储备机制，在调节市场供需、缩小内外棉价差、稳定市场运行方面起到了重要作用。国家还通过"中央一号文件"、国务院《关于建立粮食生产功能区和重要农产品生产保护区的指导意见》等多个重要文件对棉花产业发展进行顶层设计和规划。

7.3.1.3 市场配置资源效率逐步增强

1999年棉花流通体制改革后，棉花收购和销售价格主要由市场形成，不再由政府统一规定，我国棉花产业市场化正式拉开序幕。加入WTO以后，国内棉花价格在随供给关系波动的同时，还受国际市场价格的影响，我国棉花产业国际化进程日益加快。2014年起通过棉花目标价格补贴改革使内外棉价差显著缩小，内外棉、期现货价格关联性逐步增强。2015年以来随着我国农业供给侧改革不断推进，我国市场化"去库存"力度不断加大，以国内外市场联动的方式形成储备轮出底价，并且根据市场变化适时调整，2015—2019年储备棉累计轮出961.2万t，有效降低企业用棉成本，提高国产纱竞争力。结合期货市场价格发现、套期保值和风险规避功能，我国积极开发涉棉金融产品，2004年棉花期货在郑州商品交易所上市，2017年棉纱期货诞生。随着棉花纺织产业链期货品种不断完善，棉纺织企业可以利用棉花、棉纱期货商品规避原材料短缺、价格波动和产品滞销的风险。同时在新疆、山东等产区试点棉花"保险+期货"的市场化补贴方式，在增加棉农收入和发挥市场各主体能动性方面起到重要的推动作用。

7.3.1.4 深度融合全球纺织品产业链

我国纺织产业在劳动力成本、产业链完整性、加工能力等方面有较强的竞争力，参与全球纺织产业链程度持续加深。根据WTO数据，我国纺织品服装出口额以年均9.6%的速度，从2001年的534.8亿美元增加到2018年的2 763.7亿美元，占全球纺织品服装出口份额从15.6%上升到34.3%。我国纺织产品出口到全球100多个国家和地区，越南、缅甸、印度尼西亚等"一带一路"沿线国家成为我国纺织品服装出口的新动力，出口增速分别为25.3%、35.2%和19.3%。依托中亚国家适合棉花种植的水土资源、丰富的棉花种质资源和广阔的贸易市场，我国积极与中亚地区进行棉花产能合作，拓宽我国原棉进口渠道。纺织产业链布局也在向"一带一路"沿线国家延伸，2016—2019年中国纺织企业对柬埔寨、老挝、缅甸、泰国和越南直接投资额累计达到13.3亿美元，占中国纺织企业对外直接投资总额的23.6%。

7.3.2 我国棉花产业发展面临的挑战

7.3.2.1 生产区域高度集中和产不足需局面并存

中国棉花生产区域从长江流域、黄河流域、西北棉区"三足鼎立"转变为新疆"一枝独秀"。由于黄河流域和长江流域棉区获得的棉花补贴支持力度有限，同时受植棉比较收益下降和种植结构调整等因素影响，黄河流域和长江流域棉花种植面积持续萎缩，占全国比重不足1/4，棉花生产不断向新疆集中，新疆棉花产量占全国比重高达84.9%。2014—2019年，9省棉花总播面积从214万hm²减少到76万hm²，产量从233.8万t减少到84.7万t，植棉面积占全国比重从50.9%降为23.0%，产量比重从37.9%降为14.4%。随着多年继续扩张，受水资源和耕地资源开发潜力降低的约束，并考虑到保障粮食生产，未来新疆棉花单产水平和种植面积扩大的潜力有限。随着黄河流域和长江流域棉花产量连年下滑，大量纺织企业原材料正由原先自产自用的"产区型"演变为依靠采购新疆棉为主的"销区型"，单靠新疆产区能否形成全国用棉供应的切实保障值得商榷。"入世"后，我国纺织潜能进一步被激发，棉花消费量以年均2.4%速度持续上升，2019年我国棉花消费量为803万t，占全球棉花总消费量的32%。产不足需是我国棉花供求的基本特点，2001—2019年我国棉花年均消费量在800万t左右，年均产量为600万t，产需缺口超过200万t，特别是近年来随着纺织业由中低端向中高端转变对原材料带来的新需求，高品质原棉缺口较大。

7.3.2.2 生产成本高企压缩棉农收益

随着人工成本和化肥农药等农资价格持续攀升，我国棉花生产迈入高成本阶段。棉花生产成本从2001年的8 023.5元/hm²上升到2018年的29 257.1元/hm²，年均增长率为7.5%，是美国的3.4倍、印度的4.3倍；皮棉成本从5.9元/kg上涨到15.7元/kg，年均增长率为5.6%。人工成本是植棉成本中最高的一项，以年均7.9%的增速持续上升，年均占比为55.9%，其次是物质与服务费用，年均占比为31.2%。棉农收益由于成本上升而减少，从2001年的1 691.3元/hm²下降到2018年的-6 913.5元/hm²，可以说植棉逐渐成了"赔钱买卖"，尤其在黄河流域和长江流域棉区更为突出。由于黄河流域和长江流域棉区户均耕地面积小、土地细碎且以间作套种方式为主，机械化率较低，相比之下新疆棉区由于耕地规模大、土地相对平整，有利于棉花全程机械化作业。根据笔者调研测算，新疆棉机采费平均为2 000~2 250元/hm²，相比人工采摘能节省超7 000元/hm²。植棉成本和利润的年度变化和区域差异、叠加补贴政策的倾斜，是新疆棉区面积保持稳定和黄河流域和长江流域棉区面积持续萎缩的重要原因。

7.3.2.3 质量仍是制约产品竞争力的核心问题

棉花质量性能是影响纺织品质量的关键因素。近年来，尤其在临时收储时期，由于片面追求产量和衣分，质量意识下降，一致性、短绒率高、强度低、"三丝"等质量问题严重。2014年目标价格改革以来，棉花收购价格向市场化看齐倒逼质量提升，从棉农到加工企业更加注重棉品质。但是，由于我国棉花品种繁多，即使同一地区棉花品种也不统一，优良性状突出的较少，加上品种更新换代，种质混乱从源头上影响了棉花质量，造成棉花一致性下降。品种也不能满足机采棉的要求，机采棉推广率提高，但机采棉质量却在下降，仅适合中低支纱的纺织要求。在栽培管理、采摘加工、交售流通等环节中，由于劳动力不足、管理方式粗放造成的异性纤维多、杂质偏大、短纤率高问题比较严重。除了纤维品质，棉花种植过程中的农药残留和纺织印染中的化学残留也是影响棉花及其制品质量的重要因素，易使纺织品遭受贸易壁垒。根据商务部数据，自2000年起我国纺织品服装出口因绿色贸易壁垒造成的损失年均超过10亿美元，2008年金融危机后，损失增幅在50%以上。针对棉花纤维中农药和化学残留的检测方法和限量标准尚不完善，绿色贸易壁垒成为我国棉纺织品出口的重要障碍，在带来严重经济损失的同时，也影响了产品在国际市场上的声誉。

7.3.2.4 外贸依存度高增加贸易风险

我国棉花产业"两头在外"，外贸依存度较高，在充分利用"两个市场、两种资源"的同时，也蕴藏较大风险。一方面，原棉进口贸易依存度高，进口来源地集中。由于国内棉花产不足需，1/4的消费量需要以进口棉调剂，原棉进口量以年均20.2%的速度从2001年的5.6万t增加到2019年的184.9万t，并曾在2012年达到最高值513.7万t。美国、澳大利亚、印度、巴西、乌兹别克斯坦是我国主要棉花进口来源国，2019年5国棉花进口量占中国棉花总进口量的83.5%。另一方面，纺织品出口贸易依存度高，出口目标地集中。我国纺织品主要出口到美国、欧盟、日本等国家和地区，且出口量和出口额逐年上升。偏高的对外依存度增加了贸易风险，不利于我国棉花产业可持续发展。当前，全球经济增长乏力，贸易保护主义、霸凌主义、民粹主义重新抬头，全球一体化进程出现倒退。在此背景下，棉花进口来源国集中，进口量将随贸易伙伴的产量、政策及与我国贸易关系变化而增加不确定因素。出于经济、政治利益和保护本国贸易等目的，发达国家对进口商品实施双重标准，采取贸易壁垒对中国纺织品进行打压。从2003年美国对我国三类纺织品采取"特保措施"到2018年以来的中美经贸摩擦正是贸易风险的佐证。

7.3.2.5 棉纺产业处于全球价值链低端

随着全球一体化进程加快，国际生产分工已经发展到全球价值链阶段，全球纺织服装产业逐步纳入以发达国家主导的全球价值链。我国纺织品出口份额自2011年以来一直处于全球领先地位，中国纺织品参与全球价值链分工的程度和在全球价值链上的地位持续攀升，但产业从整体上看仍处于全球价值链低端位置。这主要表现为以劳动密集型低成本的加工制造业为主，设计研发、品牌营销能力不足，纺织品附加值较低，大部分利润被欧美日等发达国家和地区的进口商和品牌商获取。在全球价值链中，国际贸易相应地从"产品贸易"向"任务贸易"转变，中国纺织外贸企业多数通过产品订单的方式参与国际纺织品供应链（刘馨蔚，2017）。被动的贸易参与方式容易被订单方以提高或更换产品标准的方式进行控制。从现阶段全球经济贸易环境来看，未来我国纺织行业参与国际分工与市场竞争难度将逐步加大，必须以提升产品附加值为目标，向价值链前端的设计研发或后端的品牌市场延伸。

第 8 章
促进棉花支持政策精细化的对策建议

棉花目标价格改革是我国在完善农产品价格形成机制与政府补贴脱钩的一项有益探索，从实践来看，目标价格政策基本达到了保障主产区棉农基本收益的预期目标，此项政策对主产区棉农种棉意愿起到了支撑作用，棉农对政策的总体满意度较高。实施目标价格补贴后，棉农收益相较于无补贴的基期水平明显增加，而且农户规模越大，收益增加幅度越大。棉花目标价格补贴实施后，全国及大部分产区棉花全要素生产率整体呈上升态势，其中以新疆年均全要素生产率增长幅度最大。因此，目标价格补贴需要作为稳定主产区棉花生产的中长期政策持续实施，同时需要进一步完善和细化，提高补贴效率，也为其他品种支持政策的优化提供借鉴。

8.1 精细化治理理论

精细化管理理论源于19世纪末期在西方发达国家中盛行的企业管理理念，随着时代变迁，精细化管理向公共管理、社会治理领域拓展。

8.1.1 精细化内涵和特征

20世纪50年代，日本丰田公司在经营管理中提出"精细化"管理的理念，该理念提供精益求精的工作态度、求真务实的专业精神和科学高效的管理思想，采取一系列系统化、规范化的标准和规范，使组织管理中的各单元能够高效、精确、持续运行的管理方式。在精细化管理的方式下，企业能达到降低成本和提高效率的目标。公共管理和社会治理的精细化包括对治理对象需求的精准把握，对治理制度的精心设，对治理水平的精准提升，对治理手段的精巧把握等各方面。

精细化特征主要表现在以下几个方面。

一是治理主体多元化。在发挥政府主导和引导作用的同时，需要发挥多元主体协同参与的能动性，鼓励社会各方面的配合和协同。

二是治理过程细致化。需要对治理过程的每个阶段和每个环节进行细致设计，并进行全程监管，确保资源配置、信息共享等各环节的一致性和联动性。

三是治理成本科学化。在治理过程中，需要对治理成本进行核算和分析，节约不必要的治理成本，最大限度地减少资源浪费，实现低投入和高效率的统一。

8.1.2 精细化治理的目标

精细化治理的目标导向是将精细化管理的理念和手段引入治理对象和内容的各组成部分、各个领域和各个环节，实现治理的高效化和低成本化。一是坚持追求治理效果优化，精细化治理是一项需要长期持续推进的系统工程，不能一蹴而就，需要以不断进取的精神，细致地做好各项基础工作，并在工作过程中不断纠错和持续优化；二是覆盖全过程和全方位，避免挂一漏万，强调区域间、部门间、社会与政府间建立统筹协调、信息互通的工作体系；三是注重细化过程和细化方案，针对不同区域、不同利益主体，做到结构的横向细化和任务的纵向细化。

8.2 促进棉花目标价格补贴政策精细化的对策建议

8.2.1 完善新疆棉花目标价格补贴的政策建议

（1）在巩固优势产区棉花供给同时，注重布局平衡性

目标价格补贴需要作为稳定主产区棉花生产的中长期政策持续实施，从实践来看，此项政策对优势产区棉农种棉意愿起到了支撑作用。但从产业安全来看，我国经过60多年形成的棉花"三足鼎立"均衡格局仍需保持，对于规避市场风险、抵御自然灾害、保障纺织品服装出口大国的原棉供给具有重要意义。棉花调控政策应在突出优势产区的基础上，注重布局平衡性，黄河流域和长江流域棉花仍然要保证一定量的稳定供给，适度在河北、山东等在植棉上具有一定资源禀赋和比较优势的省份发展棉花产业，有利于增加棉农收入，也有利于纺织业发展和劳动力就业。

（2）引导生产者提升棉花品质，提高生产效率

棉花品质是新疆棉花产业可持续发展的核心所在，通过加大对优质棉生产和加工的支持，将棉花补贴与质量挂钩，促进棉花品质统一性；根据纺织行业对原料的需求，以培育高适纺性棉花品种为目标；选育机采棉新品种，并鼓励引进国外优质良种资源。棉花生产成本过高、生产效率较低，既是棉农收益水平总体不高的主要原因，也是我国棉花产业竞争力持续提升的瓶颈所在。因此，应进一步加大研发力度，开发轻简化育苗、机械化种植、智能化管理等棉花生产技术，在提高生产效率的同时，有效降低劳动力成本，促进棉花产业提质增效。

（3）完善补贴方式，提高补贴效率

从根本上稳定棉花产量必须朝着机械化、规模化种植方向发展，需要因地制宜地对生产者按规模进行界定，对散户、大户、专业合作社、龙头企业实施不同补贴标准，鼓励生产效率高、规模大的经营主体种植棉花，确保宜棉区高产高效、优质棉田的面积稳定。有效规避国际规则对我国棉花补贴水平的约束，进一步提高财政补贴效率，建议开展创新补贴方式试点，探索既符合WTO补贴规则，又能有效保护植棉收益的棉花支持新机制（翟雪玲 等，2018；孙鲁云 等，2020）。例如，将补贴与环境计划挂钩（如对盐碱地实施保护性种植），或与地区援助计划挂钩，探索采用"环境计划下的直接支付"或"地区援助下的直接支付"，提高补贴的可持续性。在总结经验的基础上，扩大"保险+期货"试点和推进补贴与质量挂钩试点。严厉打击虚开发票套取棉花目标价格补贴的违法行为，对棉花加工企业进行全面检查，重点核实各棉花加工企业的籽棉收购量、皮棉加工量、入库量、公检量等收购加工数据；同时，要对单产超过合理范围的棉农进行核查，查明是否存在虚开发票套取补贴资金的违法行为。

（4）加快种植结构调整，优化生产布局

根据新疆各地区水土资源现状，在发展节水灌溉技术研发和推广的同时，因地制宜

地加快种植结构调整,结合农户种植偏好和比较优势,优化棉花生产布局。在宜棉区适度扩大棉花种植面积,在南疆部分适合长绒棉生长的地区,如阿克苏、喀什等地,鼓励增加长绒棉种植以取代陆地棉种植,提升棉花品质和棉农收益;在次宜棉区,适当压缩棉花种植面积和提高单产水平。

(5)培育新型植棉经营主体,建立健全社会化服务体系

在棉花生产中,"小农户"与"大市场"的矛盾仍较为明显,经营主体组织化程度和社会化服务水平均有待提高。因此,应加快构建专业化、现代化、社会化的棉花生产经营体系,持续提升机械化、集约化、组织化和规模化水平,降低植棉成本,着力提高棉花品质和植棉效益,基本建成综合化、规模化、全程化的社会化服务体系,带动小农户和提升大农户,实现棉花生产提质增效,促进农户与市场有机衔接。农业社会化服务往产后延伸,针对农户售棉难的问题,帮助棉农及时获取市场信息,协调多渠道销售方式,解决棉农产后之忧。提高棉花生产者在市场上的话语权和定价议价能力,促进新疆棉花产业持续健康发展。

8.2.2 完善黄河流域和长江流域棉花补贴的政策建议

(1)明确实施棉花补贴的政策目标

棉花调控政策应在突出优势产区的基础上,注重布局平衡性,突出"保供给"的政策目标。我国棉花消费量在 800 万 t 左右,产量为 580 万 t,年均产需缺口超过 200 万 t,产不足需是我国棉花供求的基本特点,特别是近年来随着纺织业由中低端向中高端转变对原材料带来的新需求,高品质原棉缺口较大。黄河流域和长江流域棉花在单产水平和成本方面均不具备比较优势。与新疆相比,黄河流域和长江流域棉区棉花单产水平较低。2019 年棉花平均单产 73.6 kg/亩,为全国平均单产的 62.6%、新疆单产的 56.1%。成本方面,2018 年我国棉花亩均成本 2 275.21 元,是美国的 3.4 倍、印度的 4.3 倍。除甘肃和安徽外,均高于全国平均成本,特别是人工成本占比远高于全国平均水平,江苏高达 78%。综合考虑,黄河流域和长江流域棉花产业的后续发展,应以面积扩张和片面追求产量为主的粗放式发展向以提质增效为主的集约式发展转变,同时兼顾可持续发展,走棉花高质量发展和可持续发展之路。

(2)创新补贴方式,探索符合世贸规则的政策措施

黄河流域和长江流域棉花不具备开展单品种精细化补贴的条件,不适宜采取新疆模式。一方面,棉花种植相对分散,棉花占农业产值比重较低,面积、产量等核实难度较大,需要投入大量的人力和行政成本,政策效率偏低。另一方面,不具备新疆地区棉花市场相对封闭的条件,无法实现公检量、产量和面积等数据间的交叉验证。建议将适宜棉区及华北漏斗区、黄河三角洲盐碱地、苏北盐碱地等纳入棉花生产功能区,每年固定投资额度,用于加大棉田质量改良,以及对广大棉农技术培训和宣传,可称为"棉花生产功能区补贴",纳入"绿箱"措施;继续探索棉花"期货+保险"试点。可以对涉及棉花保险环节的保险公司经营费用、税费、保费等开展多环节的补贴,减少仅针对保费补贴的"黄箱"空间约束。

(3)各省自主决定补贴政策,提高补贴政策的灵活性

在下一轮政策周期,可综合各省棉花面积和产量,以及公检量等因素,由中央财政

划拨一定额度的资金到省，在保护农民利益基本不变的情况下，各省可依据省内棉花比较优势及区域结构调整的需求，自主决定省内的棉花补贴方式，中央财政不再对补贴细则进行统一规定。这种方式能够充分考虑不同地区差异，赋予地方政府较大的自主权和自由度，发挥地方政府积极性。但这也存在一定的风险，如对地方政府的调控能力考验较大，补贴资金的监督存在一定困难等，需要加强对补贴效果的绩效考核，将绩效考核与资金安排挂钩，同时设置违法违规行为举报和黑名单制度。

（4）推进"专业仓储监管+在库公证检验"，提升棉花质量

2020 年是黄河流域和长江流域 9 省棉花"专业仓储监管+在库公证检验"实施的第一年，棉花补贴政策要对补贴价格、对象、方式、流程、兑现时间等内容精细化安排。各部门需要加大力度，以通俗易懂的语言，做好政策宣传和解释工作，让棉区生产者"听得到""能听懂"，同时在保证公平公正的前提下，适当简化政策实施程序和工作流程，引导生产者顺利交售，确保补贴政策高效落地实施。针对往年补贴兑现时间较迟的问题，建议选择在春节前或最迟春播前发放，有利于稳定棉农生产预期，尽早安排棉花种植计划。

8.3 促进我国棉花产业可持续发展的对策建议

（1）完善支持政策，稳定棉花供给水平

继续实施新疆棉花目标价格政策，保证优势产区棉花生产，同时需要稳定长江流域和黄河流域棉花供给。棉花是纺织工业重要原料，一旦供求失衡，易引发价格剧烈波动，给市场稳定和棉农利益带来不利影响。虽然进口棉和进口棉纱在质量和价格上有相对优势，但仍不能轻视国内棉花自给水平。从产业安全来看，我国经过 60 多年形成的棉花"三足鼎立"均衡格局仍需保持，对于规避市场风险、抵御自然灾害、保障纺织品服装出口大国的原棉供给具有重要意义。棉花调控政策应在突出优势产区的基础上，注重布局平衡性，突出"保供给"的政策目标。建议将适宜棉区及华北漏斗区、黄河三角洲盐碱地、苏北盐碱地等纳入棉花生产功能区，采取将补贴与环境计划或地区援助计划挂钩的"绿箱"措施，优化补贴方式；补贴过程中向规模化经营主体适度倾斜；在总结经验基础上，扩大"期货+保险"试点。

（2）提升产品质量，提高市场竞争力

提高棉花质量水平、提升棉纺产品质量与档次是产业链各主体摆脱发展困境和提升产业竞争力的根本途径。加强从生产到加工流通的全过程质量控制，推进高适纺性优良品种的培育与推广，提高棉花一致性和异性纤维，在棉花质量性能的优化和管控上努力，提高棉花整体质量水平，扩大有效供给，为提升棉纺织产业质量和国际市场竞争力提供坚实的优质原料基础。对国产棉和进口棉纤维中的农药残留开展调查和研究，建立健全棉花纤维中农药残留检测分析方法和限量标准，加强对国内棉和进口棉纤维有毒、有害物质的安全风险评估、风险分析和预警，为国内纺织品质量安全和贸易规则调整提供技术支持和保障。

（3）合理提升机械化水平，实现降本增效

机采棉有利于棉花生产的规模化、专业化和集约化，是未来国内棉业发展的方向和必然趋势，需要从育种、栽培技术和社会化服务等方面着手提升机采棉水平。一是从品种选育、生产管理和采收加工等环节入手，加快培育和推广适合机收的"矮密早"品种；深化集成栽培管理技术，在保障产量水平和纤维品质的基础上，提升机械采收效率；加强清花设备技术水平，减少纤维和衣分损失，提升纤维质量。二是提升社会化服务水平，建立健全"集约化、专业化、组织化、智能化"的农业经营体系，创新棉花机种机收的新型社会化服务体系，减轻机械化成本和提升生产效率。

（4）整合资源和市场，向全球价值链中高端攀升

棉花产业面临转型升级的压力，实行可持续供应链管理是棉花产业转型升级的必要举措。对棉花种植、加工、纺织、分销、包装、贸易等各个环节进行质量控制，立足产品的全生命周期打造可持续供应链。根据国际市场需求不断完善生产技术，从"纺织大国"变成"纺织强国"。整合国内国际资源，推动纺织业与信息网络技术、现代服务业融合创新，以适应消费市场的升级；通过并购、合作等方式拓宽国际发展路径；打造民族品牌，提升自主品牌在国际市场认可度与知名度。引导国内纺织企业向产业链中高端环节进行升级改造，支持龙头企业开拓海外市场，打造具有国际竞争力的企业集团，扶持中小企业发展壮大，培育世界级的现代纺织产业集群。以"一带一路"市场为开发重点，因地制宜在沿线国家创建纺织服装生产基地，形成与国内互补的布局结构，巩固和提升中国纺织业在全球价值链中的地位。

第 9 章
研究结论、不足与展望

9.1 研究结论

本研究从主产区棉农对政策满意度、政策实施前后收益变化、种植业结构调整、棉花生产技术效率四个方面入手，全方位多角度评估政策实施效果，探讨转变和完善补贴方式，提高补贴政策的精细化、精准度，对完善我国棉花目标价格政策具有积极指导价值，同时也为粮食等其他农产品目标价格制度探索和改革提供理论参考。得出主要结论如下：

1）棉农对目标价格政策的总体满意度、补贴方式和价格水平的满意度（基本满意及以上）较高。调研中多数农户表示，目前市场价格偏低，生产成本高涨，如果没有目标价格补贴，除去物质资料、人工、租地等生产成本，利润将所剩无几，甚至处于亏损状态，因此大部分棉农对此项政策的实施持肯定态度。影响因素分析结果显示，农户年龄、家庭农业劳动力数量、是否参加农业专业合作组织、植棉规模和植棉年限是影响农户对政策满意度的重要因素，从政策实施角度来看，对政策了解程度、是否及时足额收到补贴和是否增加收入是显著影响政策满意度的因素。从农户种植意愿来看，七成左右受访者愿意继续植棉，南疆比例略高于北疆，进一步地，在继续植棉的受访者中，表示稳定或扩大种植规模的比例在六成以上，表明目标价格补贴政策对主产区棉农种植意愿起到一定的支撑作用。

2）农户棉花生产具有一定惯性，短期内不会轻易调整播种面积，上一期棉花播种面积对即期棉花供给有较强影响；棉花供给在短期内缺乏价格弹性，长期富有价格弹性，补贴政策增加了棉花播种面积对价格变动反应的敏感性；生产成本的提高会挤占棉花种植收益，农户会相应减少棉花种植面积；长期来看棉花供给对替代作物价格变动的反应灵敏度会增强，而棉花补贴政策一定程度上会激励农户植棉积极性，降低其改种其他作物的可能；棉花目标价格政策的实施对稳定棉花供给有积极作用，但相较于其他主要影响因素来说，效应有待提高，未来存在进一步优化调整和完善的空间。

3）从对全国及10个主产省（区）棉花全要素生产率的测度结果来看，棉花目标价格补贴实施后，全国及大部分产区棉花全要素生产率整体呈上升态势，其中以新疆年均全要素生产率增长幅度最大。从全要素生产率分解来看，技术进步是棉花全要素生产率上升的主要原因，尤其是政策实施对新疆棉区技术进步和规模起到了重要的促进作用。通过对棉花全要素生产率影响因素的分析发现：棉花目标价格补贴政策和时间趋势在1%显著水平下，对棉花全要素生产率均有显著正向影响。结合棉花全要素生产率指数在2014—2018年政策实施前后的变化，进一步证明，目标价格补贴可以显著提高主产区棉花生产效率。同时，结合棉花全要素生产率分解结果来看，目标价格补贴政策的实施对棉花生产技术进步有重要的提升作用，补贴增加了生产者收入和投资能力，会促进其采用新技术和优化组合要素投入。

9.2 存在的不足与研究展望

研究是在分析棉花目标价格补贴实施的市场背景和现实基础上，从利益直接相关者——棉农视角出发，从政策满意度、收益变化、种植结构调整和棉花生产效率4个方面评价了政策实施效果，并提出了未来政策完善和优化的对策建议。

9.2.1 存在的不足

研究存在以下几点不足之处。

1) 在微观调研中没有将非农就业、替代作物比较效益、技术进步、自然条件等因素考虑在内。在2017年农户调研中，综合考虑到时间成本、调研地棉花生产情况、人力成本、问卷质量等因素，没有将以上因素纳入最后的调研问卷。虽然利用了全国12个主产区省级面板数据和县级数据在相关研究中予以补充，但仍会影响到微观结果的科学性和完整性。

2) 实证分析没有将兵团棉花目标补贴实施效果考虑在内。本研究调研时，兵团综合配套改革尚未开始，考虑到兵团经营管理体制的特殊性，没有将其纳入研究范围。新疆兵团是一个集党、政、军、企合一的组织，在2018年新疆兵团综合配套改革以前，兵团农业生产实施的是"五统一"，即统一供种、统一种植、统一农机作业层次和收费标准、统一关键和重大技术措施、统一农资采供服务。作为兵团棉花生产者，团场职工没有生产经营自主权，不能根据政策、生产效益来进行生产决策。本研究数据采集调研时间是2017年10月（预调研）和2018年5月（正式调研），实际调研内容是棉农2017年棉花生产经营情况，当时兵团综合配套改革尚未开始，所以仅选择新疆地方作为研究对象。

3) 政策精细化分析不够深入，对一些新情况如：补贴与质量挂钩、期货+保险试点、黄河流域和长江流域9省开展"专业仓储监管+在库公证检验"等情况未能深入分析。棉花目标价格政策是一项长期工作，随着政策不断推进和产业持续发展，实践中新问题、新现象不断涌现，相关研究需要持续跟踪和深入分析。

9.2.2 研究展望

相应地，针对不足之处，未来将围绕以下3点进行深入研究。

1) 在微观调研中需要全面考虑非农收入、替代作物比较效益、技术进步、自然条件等变量的影响，提高分析的科学性和完整性。

2) 对兵团棉花目标价格补贴政策进行评估。在综合配套改革之后，兵团棉花生产活力得到极大促进，职工群众真正成为市场的主体，生产力进一步得到解放。目前棉花目标价格补贴是兵团棉花生产最主要的扶持政策，有必要对改革后补贴政策实施效果进行评估，对进一步完善棉花目标价格补贴政策，促进兵团棉农增收和棉花产业稳定发展具有积极意义。

3) 2020 年开始实施新一轮新疆目标价格补贴政策,后续研究将根据该政策实施的实际情况,进一步深入主产区调研,拟对"期货+保险"试点情况和实施效果进行总结和评估,对主产区棉花社会化服务供给和需求进行分析,政策实施对主产区资源环境的影响评价等一系列问题继续深入研究,以期为"十四五"时期棉花目标价格政策乃至农业补贴政策提供完善优化的理论参考和决策依据。

参考文献

程国强，2011. 中国农业补贴：制度设计与政策选择［M］. 北京：中国发展出版社.

杜珉，1995. 对改革开放以来我国棉花生产波动原因的思考［J］. 中国农业经济（11）：10-15.

杜珉，刘锐，2015. 关于新疆棉花目标价格补贴试点政策的探讨［J］. 中国棉花（1）：1-5.

方蕊，安毅，刘文超，2019. "保险+期货"试点可以提高农户种粮积极性吗？——基于农户参与意愿中介效应与政府补贴满意度调节效应的分析［J］. 中国农村经济（6）：113-126.

高鸣，宋洪远，MICHAEL CARTER，2017. 补贴减少了粮食生产效率损失吗？——基于动态资产贫困理论的分析［J］. 管理世界（9）：86-100.

高升，邓峰，2019. 目标价格政策对我国棉花生产效率影响评价研究——基于DEA-Malmquist指数模型和变系数模型［J］. 价格理论与实践（9）：54-57.

关付新，2002. 加入WTO对我国棉花生产的影响及对策［J］. 农业技术经济（3）：13-17.

关建波，2014. 良种补贴对中国棉花生产效率的影响分析［J］. 农业技术经济（3）：50-56.

关建波，谭砚文，2014. 良种补贴对中国棉花生产效率的影响分析［J］. 农业技术经济（3）：49-56.

国家发改委学术委员会办公室课题组，2013. 新形势下我国棉花价格问题研究［J］. 经济研究参考（39）：3-38.

贺超飞，于冷，姜兴赫，2018. 实施目标价格改革对棉花播种面积影响研究——基于县级面板数据及双重差分方法的分析［J］. 价格理论与实践（10）：61-64.

胡雪梅，2014. 中国棉花生产：布局与波动［M］. 济南：山东人民出版社.

黄季焜，王丹，胡继亮，2015. 对实施农产品目标价格政策的思考——基于新疆棉花目标价格改革试点的分析［J］. 中国农村经济（5）：10-18.

黄宗智，2020. 中国的新型小农经济：实践与理论［M］. 桂林：广西师范大学出版社.

柯炳生，2018. 三种农业补贴政策的原理与效果分析［J］. 农业经济问题（8）：4-9.

李谷成，李芳，冯中朝，2014. 良种补贴政策实施效果的分析与评价——对13省1486种植户的研究［J］. 中国农业大学学报（4）：206-217.

刘馨蔚，2017. 欧盟绿色贸易壁垒将全面提高，中国纺织品企业"压力山大"［J］. 中国对外贸易（1）：8-12.

刘艳梅，2016. 下一步棉花目标价格补贴试点改革的政策设计［J］. 宏观经济研究（10）：35-39，62.

刘宇，周梅芳，郑明波，2016. 财政成本视角下的棉花目标价格改革影响分析［J］. 中国农村经济（10）：70-81.

柳苏芸，韩一军，李雪，2015. 中国农产品目标价格补贴政策效应分析——以大豆和棉花为例 [J]. 湖南农业大学学报（社会科学版）（5）：34-39.

卢冰冰，陈玉兰，赵向豪，2017. 棉花目标价格政策的满意度及影响因素分析 [J]. 新疆农垦经济（12）：10-16.

卢秀茹，贾肖月，牛佳慧，2018. 中国棉花产业发展现状及展望 [J]. 中国农业科学（1）：26-36.

罗屹，武拉平，2020. 乡村振兴阶段的农业支持政策调整：国际经验与启示 [J]. 现代经济探讨（3）：123-130.

马琼，王雅鹏，2015. 中国棉花生产的外部性评估及其补贴政策研究 [M]. 北京：中国农业出版社.

庞辉，2017. 农业补贴政策背景下农户农业生产经营效率研究——基于辽宁省农户调查 [J]. 农业经济（11）：89-91.

秦中春，2015. 引入农产品目标价格制度的理论、方法与政策选择 [M]. 北京：中国发展出版社.

秦中春，2016. 新疆棉花目标价格制度改革分析研究 [J]. 区域经济评论（6）：46-57.

史建伟，杜珉，2004. 中国棉花产业报告 [M]. 北京：中国农业出版社.

舒尔茨，2019. 改造传统农业 [M]. 北京：商务印书馆.

宋玉兰，王洋，2018. 目标价格改革对中国棉花国际定价权的影响 [J]. 山西农业科学（10）：1766-1771.

孙鲁云，王力，2020. 高质量发展视域下棉花目标价格补贴方式的重构 [J]. 价格月刊（2）：32-39.

谭晓艳，张晓恒，游良志，2019. 自然因素和政策干预对中国棉花生产布局变迁的影响 [J]. 农业技术经济（4）：79-93.

谭砚文，2008. 完善我国棉花产业补贴政策研究 [M]. 北京：中国经济出版社.

谭砚文，关建波，2014. 我国棉花储备调控政策的实施绩效与评价 [J]. 华南农业大学学报（社会科学版），13（2）：69-77.

谭砚文，李朝晖，2005. 中美棉花生产者供给行为的比较分析 [J]. 华南农业大学学报（社会科学版），4（3）：45-52.

田立文，白和斌，柏超华，等，2015. 新疆棉花补贴政策、存在问题及对策研究 [J]. 新疆农业科学（7）：1359-1367.

王姣，肖海峰，2006. 中国粮食直接补贴政策效果评价 [J]. 中国农村经济（12）：4-12.

王力，何韶华，2018. 新疆棉花目标价格政策实施效果研究 [J]. 价格理论与实践（8）：147-150.

王利荣，2019. 国内外棉花价格的传导关系研究——基于新疆棉花目标价格实施前后市场变化分析 [J]. 价格理论与实践（3）：77-80.

王利荣，赵永南，李明，2015. 棉花目标价格补贴对经营主体种植决策影响研究——以江苏省南通市为例[J]. 价格理论与实践（10）：47-49.

王彦发，马琼，2019. 兵团棉花目标价格补贴政策实施情况调查研究——基于第一师的问卷调查[J]. 中国农业资源与区划（10）：122-128.

王彦发，马琼，康海燕，2018. 新疆棉花目标价格补贴试点成效及优化研究——基于深化供给侧结构性改革背景[J]. 价格月刊（10）：13-17.

王兆阳，2003. 我国棉花供给价格弹性的实证分析及政策启示[J]. 中国物价（3）：9-14.

肖文兴，2012. 加入世贸组织对中国农业产业安全的影响分析[D]. 长沙：湖南农业大学.

徐玲，2007. 中国棉花政策评述：1995—2005[J]. 新疆农垦经济（5）：40-43.

徐榕阳，马琼，2017. 基于随机前沿生产函数的新疆棉花生产技术效率分析——以棉农问卷调查数据为例[J]. 干旱区资源与环境（4）：22-27.

许祥云，何恋恋，高灵利，2016. 农产品政策如何影响国际市场对国内期货市场的价格传递效应——以棉花和豆类产品的收储及补贴政策为例[J]. 世界经济研究（6）：55-68，135.

闫庆华，刘维忠，秦子，2017. 世界棉花格局变化及对中国棉花发展的启示[J]. 农业经济（11）：119-121.

杨莲娜，田秀华，2014. 我国棉花价格与国际市场价差的影响分析——基于棉花产业安全的视角[J]. 价格理论与实践（5）：64-66.

佚名，2018-09-30. 新疆6县今年试点棉花按质量补贴[EB/OL]. http://news.ts.cn/sy.

喻树迅，张雷，冯文娟，2016. 棉花生产规模化、机械化、信息化、智能化和社会服务化发展战略研究[J]. 中国工程科学（2）：39-45.

翟雪玲，包月红，2019. 中美贸易摩擦对中国棉花产业的影响及应对措施[J]. 中国棉花（12）：1-5.

翟雪玲，原瑞玲，2019. 近30年全球棉花产业格局变迁及对中国棉花产业的影响[J]. 世界农业（8）：71-78.

翟雪玲，张杰，2018. 中国棉花产业供给侧结构性改革现状与展望[J]. 农业展望（8）：53-58.

张杰，杜珉，2016. 新疆棉花目标价补贴实施效果调查研究[J]. 农业经济问题（2）：9-16.

张雯丽，李秉龙，2009. 相机抉择的棉花滑准税政策效应分析[J]. 新疆农垦经济（3）：1-6.

中国农业科学院，2018. 中国农业产业发展报告（2018）[M]. 北京：经济科学出版社.

钟甫宁，胡雪梅，2008. 中国棉农棉花播种面积决策的经济学分析[J]. 中国农村经济（6）：39-45.

周洲，石奇，2018. 托市政策下我国粮食供给反应实证分析——基于稻谷、小麦和玉米主产省的面板数据模型[J]. 农林经济管理学报，17（3）：282-291.

朱满德，程国强，2015. 中国农业的黄箱政策支持水平评估：源于WTO规则一致性[J]. 改革（5）：45-48.

朱满德，程国强，2017. 棉花目标价格补贴试点政策成效及完善建议[J]. 经济纵横（11）：90-96.

Deutsche Bank, 2014. Key industry comments from Weiqiao-China cotton direct subsidy [R]. Deutsche Bank Markets Research.

MARC NERLOVE, 1956. Estimates of the elasticities of supply of selected agricultural commodities [J]. American Journal of Agricultural Economics, Agricultural and Applied Economics Association, 38（2）：496-509.

O'DONNELL, C, 2012. Nonparametric estimates of the components of productivity and profitability change in U. S. agriculture [J]. American Journal of Agricultural Economics, 94（4）：873-890.

O'DONNELL, C, 2018. Productivity and efficiency analysis: An economic approach to measuring and explaining managerial performance [M]. Singapore: Springer Nature Singapore Pte Ltd.

RICHARD E. HOWITT, 1995. Positive Mathematical Programming [J]. American Journal of Agri Economics, 77：329-342.

TAN W, GUAN J B, HAMID REZA KARIMI, 2013. The impact of the subsidy policy on total factor productivity: an empirical analysis of China's cotton production [J]. Mathematical Problems in Engineering, 2013：1-8.

附录 1
棉花种植农户调查问卷

问卷编号：_____

尊敬的受访者：
您好！我们开展此项调查仅用于学术研究，有关信息会为您保密，谢谢您的配合！

棉花种植农户调查问卷

省/区_____
市_____
县_____
镇_____
行政村_____
受访者姓名_____
受访者联系方式_____
调查员_____
审核员_____
组长_____

____年____月____日____时____分至____时____分

A 家庭成员基本特征

[家庭成员是指 2017 年户口在本户及其他长期（当年超过 6 个月）在本户生活的人，不包括户口迁出去的学生、分家、出嫁和参军的人]

A1. 与户主的关系：_____。1＝户主；2＝配偶；3＝子女（女婿儿媳）；4＝孙子女；5＝父母（岳父母）。

A2. 性别_____。1＝男；2＝女。

A3. 年龄（周岁）_____岁。

A4. 民族_____。

A5. 受教育年限 _____年。

A6. 家中是否有村/乡干部_____。1＝是；2＝否。

A7. 2014 年，您家一共有_____口人，其中劳动力____口人。

2016 年，您家一共有_____口人，其中劳动力____口人。劳动力的年龄分别为_____。

劳动力的受教育程度分别为_____。

A8. 2016 年从事何种职业：1 只务农；2 一兼（以农业为主兼业）；3 二兼（以非农为主兼业）；4 非农业；5 其他。

A9. 如上题选 1～4，则具体地点为：1 本村；2 本乡；3 本县；4 本省；5 其他。

A10. 2016 年累计在家居住时间（0～12 月）：_____月。

A11. 是否有非农工作：1＝是；2＝否。

A12. 如上题选 1＝是，职业_____，工作天数_____天，工资_____元/天。

A13. 是否受过棉花种植技术培训：1＝是；2＝否。

A14. 是否加入农业专业合作组织：1＝是；2＝否。

A15. 家庭年收入_____元，其中农业收入_____元。

B 棉花种植和销售情况

B1. 棉花种植年数_____年。

B2. 家庭经营耕地面积_____亩。

其中：自有耕地_____亩，租入耕地_____亩，价格_____元/亩。

租出耕地_____亩，价格_____元/亩。

B3. 棉花种植面积核实后您家棉花种植面积：_____。

1＝增加_____亩；2＝减少_____亩。

B4. 棉花种植。

年份	品种	品级	面积（亩）			产量（千克）		
			总面积	其中：机采棉	其中：长绒棉	总产量	其中：机采棉	其中：长绒棉
2013								
2014								
2015								
2016								
2017								

年份	棉花主要灾害	受灾面积（亩）	因灾减产（千克）	保险赔偿（元）
2013				
2014				
2015				
2016				
2017				

B5. 每亩棉花生产成本。

单位：元/亩

年份	种子	化肥	地膜	农药	水费	滴灌	机耕	运输	其他	人工成本		
										家庭用工天数（天）	雇工天数（天）	雇工工价（元）
2013												
2014												
2015												
2016												
2017												

年份	土地成本			长绒棉成本（元）	机采棉成本（元）
	自营地面积（亩）	流转地面积（亩）	流转地租金（亩）		
2013					
2014					

(续表)

年份	土地成本			长绒棉成本（元）	机采棉成本（元）
	自营地面积（亩）	流转地面积（亩）	流转地租金（亩）		
2015					
2016					
2017					

B6. 棉花销售。

年份	主要出售渠道	销售时间	销售次数	出售数量（千克）			出售单价（元/千克）		
				总数量	其中：机采棉	其中：长绒棉	平均单价	其中：机采棉	其中：长绒棉
2013									
2014									
2015									
2016									
2017									

注：主要出售渠道 1＝收购商或经纪人；2＝自己送到收购点出售；3＝与企业或兵团签种植合同；4＝由合作社代为出售；5＝其他_____。

B7. 与临储时期相比，销售方式有变化吗？1＝有_____。
2＝没有

B8. 与临储时期相比，现在卖籽棉会遭到压级压价吗？1＝有_____。
2＝没有

B9. 与临储时期相比，您认为售棉：_____ 1＝困难大；2＝困难小；3＝没有困难。

B10. 种植棉花收入一年_____元。

C 棉花补贴和对目标价格政策认知情况

年份	目标价格补贴					良种补贴		其他补贴：_____	
	总额（元）	每亩（元）	其中：长绒棉（元）	领取次数（次）	补贴方式	总额（元）	每亩（元）	总额（元）	每亩（元）
2014									
2015									
2016									

(续表)

年份	目标价格补贴					良种补贴		其他补贴：_____	
	总额（元）	每亩（元）	其中：长绒棉（元）	领取次数（次）	补贴方式	总额（元）	每亩（元）	总额（元）	每亩（元）
2017									

注：补贴方式 1=按面积补；2=按产量补；3=10%按面积 90%按产量补；4=不清楚怎么补。

C1. 您家获得的棉花目标价格补贴款与预期相比：_____。
1=比预期多；2=与预期差不多；3=比预期少。

C2. 与临储时期相比，您种植棉花的收益：_____。
1=增加；2=没增加。

C3. 与临储时期相比，您会更注重棉花品质吗？_____。
1=会；2=不会。

C4. 在交售时您会关注籽棉哪些指标？（请列出并排序）_____。
1=衣分；2=长度；3=马值；4=杂质；5=其他_____。

C5. 对于棉花目标价格补贴方式，您认为哪种方式更好？
1=按面积补；2=按产量补；3=10%按面积 90%按产量补；4. 其他_____。

C6. 如果按过去三年平均产量进行补贴，您愿意吗？
1=愿意；2. 不愿意。
原因：_____。

C7. 您对棉花目标价格政策了解吗？_____。
1=了解；2=一般；3=不了解。

C8. 能否及时足额收到补贴？_____。
1=是；2=否。

C9. 您对目标价格整体满意吗？_____。
1=不满意；2=不太满意；3=基本满意；4=满意；5=非常满意。

C10. 您对目标价格补贴方式满意吗？_____。
1=不满意；2=不太满意；3=基本满意；4=满意；5=非常满意。

C11. 您对 18 600 元/吨目标价格水平满意吗？_____。
1=不满意；2=不太满意；3=基本满意；4=满意；5=非常满意。

C12. 未来您家还愿意继续种棉花吗？_____。
1=继续种；2=不种了。

C13. 如果选择继续种，未来植棉面积_____。
1=保持不变；2=扩大。

附 录 2
咨询报告

报告 1
关于推动我国与中亚地区棉花产能合作的政策建议

推进"一带一路"倡议将引领我国今后相当长一个时期的对外开放与经济合作，并将由此形成一个开放、包容、普惠的区域经济合作构架和协作平台。丝绸之路经济带沿途各国普遍以农业为重要主导产业，这对我国农业对外合作是巨大的发展机遇。农业国际产能合作是我国参与共建"一带一路"的重要实现形式，是我国农业"走出去"方式的重要创新，是农业国际经济合作的新模式，有利于我国与沿线国家在农业领域内的合作共赢。

棉花是关系国计民生的战略物资，也是我国仅次于粮食的第二大农作物。我国与中亚地区棉花的产能合作一方面可以缓解国内粮棉用地矛盾，直接提高中亚各国棉花产量，从而增加全球棉花供应量，拓宽我国原棉进口渠道，提高我国棉花产业国际竞争力和棉花定价的最终话语权；另一方面，可以扩充"新丝绸之路经济带"建设的经济交流内涵，成为农业领域建设的基础产业和亮点产业，密切我国与中亚国家的政治经济关系。我国与中亚地区的棉花产能合作已具备良好的基础。

从地缘特征来看，包括哈萨克斯坦、乌兹别克斯坦、塔吉克斯坦、吉尔吉斯斯坦、土库曼斯坦在内的中亚5国毗邻我国最大的棉花产区新疆。中亚5国是传统的植棉区域，自然条件与我国南疆类似，双方同处一个纬度，光热资源充足，水资源丰富弥补了降水量偏低的不足，人均水量居世界第四位，北部为天山，能阻挡冷空气侵入。与我国南疆相比，中亚的光热和水资源条件更能满足棉花的自然生长需要。而且中亚地区是我国正在打造的中国—中亚—西亚国际经济走廊中的重要区域，与我国双边关系友好，与我国西部省区尤其是新疆存在民族、经济和宗教上的密切联系。

从产业基础来看，中亚是全世界仅次于美国的棉花净出口地区，也是世界上棉花单位面积生产成本最低的地区。中亚5国耕地资源储备充足，耕地开发潜力大。中亚棉花种质资源优势突出，如乌兹别克斯坦已有2 000多年的植棉历史，收集了9 000多份棉花品种资源，是世界上拥有棉花品种资源最多的国家之一。中亚国家丰富的棉花种质资源可与我国现有的种质形成优势互补，将为棉花新品种的选育打下坚实基础。我国已培育出一批具有"走出去"实力的涉棉企业。目前，国内已形成一批有一定生产规模和一定国内外市场的国家级涉棉龙头企业。这些企业具有雄厚的育种、加工、收购、运输、科研和销售能力，并且部分企业已有与中亚长期合作的基础，为与中亚各国的进一步棉花产能合作提供了良好的合作载体。

从技术保障来看，我国棉花新品种培育、栽培、加工技术具有领先优势。我国先后成功培育了国产转基因抗虫棉和抗旱转基因棉花新材料，不仅为开发利用我国西北盐碱旱地也为援助中亚解决棉田土壤问题提供了材料保障。目前，中亚部分国家农业部、国家种子管理局及棉花加工企业均希望引进中国棉花品种和种植技术，以期提高本国棉花产量，带动其棉农植棉积极性，这为我国与中亚开展棉花产能合作提供了重要契机。

我国与中亚各国的棉花产能合作无论从保障我国棉花产业安全，还是从区域层面的经贸对接来看，都具有重要的现实意义。需要从以下几点入手，进一步推进和实施。

全面开展从棉花新品种研发、种植到加工的全方位合作。首先，开展棉花种质资源交流和棉花新品种选育。建议加强我国与中亚特有棉花种质资源的互相交流，并联合双方棉花育种和生物技术相关领域专家，围绕棉花抗旱耐盐碱、株型和早熟等方向，开展棉花功能基因组和遗传改良等国际项目的研究。其次，在中亚建设棉花科技园区。由中方援助农机具等设施，提供现代棉花种植技术及优良品种，对方提供土地、柴油和劳动力，开展联合示范试验。同时，开展棉花加工技术合作研究。

推动中亚各国自身的能力建设。以技术援助为抓手，助推中亚利用先进农业技术的自身能力建设。为中亚各国的农业科技推广人员提供来华学习和深造的机会，帮助中亚培育一批掌握棉花先进生产加工技术的科研和技术人员。通过对中国先进植棉和加工技术的消化吸收，中亚各国可以提升棉花生产和加工技术水平，从而促进自身农业生产和加工能力的提高。

建立贸易损害监测和补偿机制。需要与国内棉花政策有效衔接，实时对贸易损害现象进行监测，并制定相应的补偿机制，做到在保障国家棉花产业安全的同时，也要保障国内棉农尤其是新疆少数民族地区植棉地区农户的收益。

（报告发布时间：2017年5月）

报告 2
关于完善长江、黄河流域棉花补贴政策的建议

我国是全球最大的棉花消费国、进口国和纺织品服装出口国,棉花产业在国民经济和社会发展中占有重要地位。受棉花补贴政策向新疆倾斜,劳动力成本快速上升和植棉比较收益下降等因素影响,长江、黄河流域棉花面积快速萎缩,占全国的比重不足1/4,且存在进一步萎缩的趋势。从国家棉花生产发展看,大幅度提高长江、黄河流域植棉面积难度较大,新疆棉和进口棉支撑国内棉花消费的格局难以逆转,但从棉花产业安全、农业资源开发利用及区域经济发展角度看,保有一定量的棉花面积非常必要。

1 长江、黄河流域棉区生产和补贴情况

2014年国家启动新疆棉花目标价格改革,取消在全国实施的棉花临时收储政策。为缓解棉区价格下滑和植棉农户收益受损问题,对山东、湖北、湖南、河北、江苏、安徽、河南、江西和甘肃9省给予每吨2 000元的补贴,以后年度的补贴标准以新疆补贴额的60%为依据,上限不超过2 000元/t。中央财政根据国家统计局核定的棉花产量对主产棉省份进行补贴,每年的补贴资金在32亿元左右,各省份自主决定具体补贴方式,补贴标准在200~300元/亩。

由于长江、黄河流域棉区获得的棉花补贴支持力度有限,同时受劳动力成本快速上升、植棉比较收益下降等因素影响,黄河流域和长江流域棉区持续萎缩,棉花生产不断向新疆集中。2014—2019年,9省棉花播种面积从3 224.0万亩减少到1 150.4万亩,下降64.3%;产量从233.8万t减少到84.7万t,下降63.8%;植棉面积比重从50.9%降为23.0%;产量比重从37.9%降为14.4%。9省中,棉花种植主要集中在河北、山东和湖北3省,植棉面积和产量合计占比分别为69.9%和66.9%。其中,面积最大的河北省,2019年棉花种植面积为305.9万亩,产量22.7万t;山东省植棉面积254万亩,产量19.6万t;湖北省植棉面积244.2万亩,产量14.4万t。

2 存在的主要问题

2.1 产区高度集中,加大棉花产业风险

随着长江、黄河流域棉花产量连年下滑,大量纺织企业原材料正由原先自产自用的"产区型"演变为依靠采购新疆棉为主的"销区型",单靠新疆产区能否形成全国用棉供应的切实保障值得商榷。同时,还需要考虑新疆地域的特殊性,部分国外政策给国内高度集中的原棉产业敲响警钟。

2.2 补贴兑现时间晚,补贴力度偏低

9省的棉花补贴政策落实即棉花种植面积的核实、补贴标准的核定、补贴款兑现都是要到第二年新棉上市之后实行,是事后补贴。虽然补贴增加了棉农收益,但对棉花种

植期的促进和激励作用效果不大。各地补贴标准、方式不同，但都在 200～300 元/亩，与新疆棉花补贴标准相比普遍偏低。

2.3 补贴金额增加与面积缩减并存

在国家对农业的各类补贴政策中，棉花目标价格政策属于支持金额较大的惠农补贴，各地也严格执行国家棉花补贴政策。但从近几年长江、黄河流域棉区的生产形势来看，由于机械化程度低、劳动力成本上升，种植比较效益依然没有明显改观，补贴并没有植棉面积止跌。以安徽望江县为例，该县是传统产棉大县，棉花面积最高时达 42.3 万亩。该县棉花补贴标准从 2014 年的 127.99 元/亩，一直增加到 2018 年的 275.67 元/亩，仍然改变不了种植面积持续下滑的趋势，2019 年缩减到 11 万亩棉田，2020 年种植意向面积又减少 10%～12%。散户减少或放弃植棉的现象更为突出，相比之下种植大户（15 亩以上）由于补贴标准提高，种植面积比较稳定。

2.4 机械化水平低，质量参差不齐

目前，制约长江、黄河流域棉花产业发展的主要因素是棉花全程机械化管理难度较大，现行的承包制度和植棉效益不易形成大规模种植局面。农村植棉劳动力老龄化现象严重，散户进入或退出棉花种植的随意性较强，棉花品质管理差。

3 政策建议

3.1 明确实施长江、黄河流域棉花补贴的政策目标

我国棉花消费量在 800 万 t 左右，产量为 580 万 t，年均产需缺口超过 200 万 t，产不足需是我国棉花供求的基本特点，特别是近年来随着纺织业由中低端向中高端转变对原材料带来的新需求，高品质原棉缺口较大。

长江、黄河流域棉花在单产水平和成本方面均不具备比较优势。与新疆相比，长江、黄河流域棉区棉花单产水平较低。2019 年棉花平均单产 73.6 kg/亩，为全国平均单产的 62.6%、新疆单产的 56.1%。成本方面，2018 年我国棉花亩均成本 2 275.21 元，是美国的 3.4 倍、印度的 4.3 倍。除甘肃和安徽外，其他均高于全国平均成本，特别是人工成本占比远高于全国平均水平，江苏高达 78%。综合考虑，棉花产业的后续发展，应由以面积扩张和片面追求产量为主的粗放式发展向以提质增效为主的集约式发展转变，同时兼顾可持续发展，走棉花高质量发展和可持续发展之路。

3.2 创新补贴方式，探索符合世贸规则的政策措施

长江、黄河流域棉花不具备开展单品种精细化补贴的条件，不适宜采取新疆模式。首先，棉花种植相对分散，棉花占农业产值比重较低，面积、产量等核实难度较大，需要投入大量的人力和行政成本，政策效率偏低。其次，不具备新疆地区棉花市场相对封闭的条件，无法实现公检量、产量和面积等数据间的交叉验证。最后，根据中国向 WTO 的通报，2014—2016 年我国棉花黄箱补贴已超过 8.5% 的微量允许，2016 年棉花补贴占产值的比重高达 21.32%，如果长江、黄河流域继续采用新疆模式，黄箱补贴势必进一步上升，如不采取措施规避将有可能引发其他成员国质疑。

建议补贴政策可向以下 3 个方面考虑：一是将长江、黄河流域适宜棉区及华北漏斗区、黄河三角洲盐碱地、苏北盐碱地等纳入棉花生产功能区，每年固定投资额度，用于加大棉田质量改良，以及对广大棉农技术培训和宣传，可称为"棉花生产功能区补贴"，纳入绿箱措施。二是设计类似玉米实行的"市场化收购+定额补贴"，实行限产计划下的蓝箱补贴政策。三是探索棉花"期货+保险"试点。对涉及棉花保险环节的保险公司，在经营费用、税费、保费等方面开展补贴，减少仅针对保费补贴的黄箱空间约束。

3.3 各省自主决定补贴政策，提高补贴政策的灵活性

由中央财政划拨一定额度的资金给省，在保护农民利益基本不变的情况下，各省可依据省内棉花比较优势及区域结构调整的需求，自主决定省内的棉花补贴方式，中央财政不再对补贴细则进行统一规定。这种方式能够充分考虑不同地区差异，赋予地方政府较大的自主权和自由度，发挥地方政府积极性。但这也存在一定的风险，如对地方政府的调控能力考验较大、补贴资金的监督存在一定困难等，需要加强对补贴效果的绩效考核，将绩效考核与资金安排挂钩，同时设置违法违规行为举报和黑名单制度。

（报告发布时间：2020年4月）

报告 3
2020—2021年度我国棉花供需和价格形势会商报告

1 2020—2021年度棉花市场供需总体形势

1.1 全国棉花面积下降、产量略增，供需缺口扩大

据中国棉花协会数据，2020—2021年度（2020年9月—2021年8月）全国植棉面积约4 596.9万亩，同比降4.5%。其中：新疆棉花面积3 665.5万亩，同比降0.6%，产量524万t，同比增4.1%；黄河流域棉花面积496.9万亩，同比降16%，产量40万t，同比降13.6%；长江流域面积398万亩，受渍涝灾害影响单产下降，产量24万t，同比降35%。新疆农业科学院经济作物研究所副所长徐海江介绍，由于退耕还林还草和退地减水，新疆植棉面积较上年持平略减，2020年新疆整体气候较适宜棉花生长发育，棉花亩产达140～150 kg，增幅10%。近年来我国棉花自给率保持在75%左右。全国棉花交易市场副总经理杨宝富估计，2020—2021年度我国棉花产量564万t，由于经济持续向好，内需终端消费逐步改善，消费量增至803万t，供需缺口239万t，较上年扩大73万t，考虑期初库存、进口棉和储备棉，预计2020—2021年度棉花总供给量1 297万t，供应比较充足。

1.2 籽棉收购价格快速上涨，期现货价格一路走高

疫情期间棉花价格跌幅较大，但国庆节后新疆籽棉收购价格上涨，拉动棉花期现货价格大幅上升。中国棉花协会行业发展部主任赵婧介绍，2020年新疆本长江流域和黄河流域增70多条轧花生产线，在籽棉收购前期市场出现抢收现象，籽棉价格被抬高。10月中旬，机采棉最高达到每千克7元，手采棉最高每千克8.5元。11月市场收购回归理性，价格有所回落，棉花交售均价为每千克6.5元，同比上涨30%。11月，国内3128B级棉花月均价每吨14 533元，同比涨11.3%。郑棉期货主力合约CF101月结算价每吨14 342元，同比涨12.2%。布瑞克农业大数据公司研究总监林国发认为，今年受疫情冲击，国内外流动性强，资金短期炒作推高棉花期现货价格。中储棉总经济师冯梦晓介绍，8月后纺织品内外需求恢复正增长，东南亚外单回流，但接到回流订单的企业不足两成，10月以来市场炒作成分较大。新疆利华棉业期货研究交易部副总经理郦振华认为，受籽棉成本价格支撑，未来短期内国内棉价将维持震荡偏强的走势。

1.3 国际市场供给宽松，高库存抑制棉价涨幅

全球主要产棉区是印度、美国、巴基斯坦、巴西和乌兹别克斯坦。中储棉总经济师冯梦晓介绍，据国际棉花咨询委员会11月最新发布的全球棉花产销存预测，2020—2021年度全球棉花期初库存2 170万t，处于近5年最高位，棉花产量为2 501万t。分产区来看，印度、澳大利亚棉花产量同比小幅上涨，乌兹别克斯坦棉花产量与去年基本持平，美国、巴基斯坦和巴西棉花产量同比下降明显。全球棉花产量超过消费量66万

t，库存消费比为91.9%（包括中国），较过去5年均值高12个百分点。中国棉花信息网产业研究部经理张宋佳介绍，新年度全球棉花供给整体宽松，但近期受美棉减产、中国持续签约美棉、全球股市和原油价格上涨等因素影响，市场对未来全球棉花消费复苏预期增强，国际棉价由国庆节期间65美分一路上行到11月末的73美分左右。国投安信期货有限公司分析师韦剑旭认为，全球棉花产量较上年减少4.1%，从供应端奠定了棉价上行的基础。全球棉花消费数据低于上年及前5个年度均值，叠加疫苗研发进展顺利、区域全面经济伙伴关系协定（RCEP）签署等利多因素，未来随着原棉消费逐步恢复，国际棉价仍有上调空间，但本年度全球期末库存高企将抑制国际棉价的涨幅。

2 棉业发展面临的突出问题

2.1 棉花生产布局高度集中，产业安全面临潜在风险

全国棉花交易市场副总经理杨宝富介绍，我国棉花生产布局从过去长江流域、黄河流域和西北内陆的"三分天下"，演变到现在的新疆"一家独大"，新疆棉产量已占到全国棉花总产的85%~90%，如果新疆棉花在生长关键期遭遇极端天气和病虫害，又不能及时补种，整个国家棉花产量都会受影响。美国"涉疆法案"出台也给我国高度集中的原棉产业敲响警钟。中国棉花协会行业发展部主任赵婧介绍，2014年以来内地植棉面积累计下降68%，已跌破国家划定的1 100万亩保护区红线。近年来，由于原料和资金短缺，大批长江流域和黄河流域轧花厂倒闭转型，棉农纷纷外出务工或改种其他农作物，使留守老人和妇女成为棉花生产主力军，棉花商品率高，种植风险小，相对稳定的植棉收入能给这部分人群提供一定保障，有利于维护农村社会稳定；长江流域和黄河流域棉在强度、颜色及指标方面有竞争优势，就近采购可以减少纺织企业运输成本；某些特定区域种植棉花能有节水和改良土壤的作用，如湖南部分重金属污染地区和河北地下水超采地区等。中国农业科学院棉花研究所副所长马雄风介绍，新疆棉花生产也面临着严重的资源和生态约束，很多棉区长年连作，土地肥力消耗大，北疆土壤板结问题突出，有机质含量低，南疆土壤盐渍化问题严重。新疆农业科学院经济作物研究所副所长徐海江介绍，目前新疆次宜棉区正逐步退出棉花生产，但水资源短缺问题仍然突出。

2.2 棉花品种布局不合理，主要质量指标持续下滑

自2019年新疆各植棉县（市）落实县域范围棉花品种"一主两辅"用种模式，但是新疆棉花品种多、乱、杂现象依然没有得到根本性改观，以量定补的补贴政策促使棉农追求棉花品种的高产性能，特别是在南疆棉区，不同品种棉花交错种植，不同品质棉花混杂采收、混杂收购、混杂轧花，棉花质量等级不能明确区分，高品质和低品质棉花混杂，难以满足棉纺企业对不同等级棉花的需求，无法做到产需对接，也直接导致2020年棉花质量下滑明显。全国棉花交易市场副总经理杨宝富介绍，棉农为了提高产量过度追求衣分，2020年新疆45衣分以上的棉花多，棉花质量下降。中国棉花协会行业发展部主任赵婧介绍，协会对近五年棉花质量数据进行对比，发现新疆棉花质量在2018年达到峰值后逐年下降。2020年新疆棉花在7—8月生长关键期内，由于疫情使棉农出行受限，田间管理不到位，对内在品质影响较大。据中国纤维质量监测中心数据统

计，2020年新疆棉花白棉占比、平均长度、平均断裂比强度、马克隆值、平均长度整齐度等质量指标较2019年同期下滑明显。

2.3 中高端原棉依赖进口，掣肘纺织业转型升级

我国纺织业正处于转型期，虽然2020年受疫情影响，订单从东南亚回流，国内中低端纺织业恢复较好，但从中长期看，全球纺织产业价值链重构和低端纺织产能向东南亚等地区转移是行业发展的大势所趋。纺织业转型升级对我国棉花品质提出了更高要求。全棉时代棉花高级采购经理罗刚介绍，我国棉花品质与美国、澳大利亚，甚至与巴西棉花相比仍有一定差距，国内纺织企业宁愿高价抢购"美棉""澳棉"，也不愿意采购国产棉。据中国棉花协会统计，我国纺织企业对中高端原棉的需求量每年约290万t，达到高品质指标的新疆棉产量仅在100万t左右，近60%依靠进口。

2.4 内外棉价差居高不下，下游企业成本压力增加

国内棉花现货走势强于国际，内外棉价差扩大，减少棉纺企业利润，影响下游纺织企业及上游原棉生产。中储棉总经济师冯梦晓介绍，2019—2020年度内外棉平均差价为每吨1 443元，9月以来，国内棉价上涨速度快于外棉，内外棉价差逐渐扩大，最高在9月达到每吨2 180元。虽然近期价差有所收敛，但仍在1 700元左右。中信期货分析师王燕认为，受生产成本支撑，内棉价格一直显著高于外棉价格，而2020年人民币升值进一步放大了内外棉价差。据中国棉花信息网数据，自6月起，人民币兑美元汇率一改经贸摩擦以来的持续波动贬值走势，连续升值近6个月，至前日高点已累计升值9%。11月以来内外棉平均价差为1 904元/t，按人民币未升值前的汇率计算，内外棉同期价差仅1 127元/t，人民币升值使内外棉价差扩大了近800元/t。虽然外棉价格更便宜，但有配额限制，只能采购少量外棉，居高不下的内棉价格增加企业生产成本。全棉时代棉花高级采购经理罗刚介绍，以"双28"新疆棉为例，到厂价接近每吨15 000元，1%关税下同等级巴西棉每吨13 000元、美棉约13 400元、澳棉约14 000元，仅原料采购一项企业就需多承担每吨1 000~2 000元的成本。

3 推进我国棉业高质量发展的相关建议

与会专家的建议主要集中在以下4个方面。

3.1 提高国内棉花有效供给能力

以保障国内棉花稳定供给为目标，以优势产区为依托，综合运用补贴、储备、配额等措施保持较高自给水平；稳定新疆棉花生产，按"控制面积、提质增效"的原则，引导次宜棉区退出，综合运用各项产业扶持政策，合理扩大棉花保护区面积，将产量维持在500万t左右；棉花调控政策应在突出优势产区的基础上，注重布局平衡性。建议逐步恢复长江流域和黄河流域的棉花种植，引导生产向产棉大县、优势产区和传统棉区集中，考虑将适宜棉区及华北漏斗区、黄河三角洲盐碱地、南方重金属污染区、苏北盐碱地等纳入棉花生产功能区，采取将补贴与环境计划或地区援助计划挂钩的"绿箱"措施，优化补贴方式。

3.2 优化新疆棉花品种布局

以棉花"早熟性"为纲，以"品质优良、稳产高产、抗病抗虫"为标准，以"适宜机采为主，特高品质手采为补"，发布棉花品种推荐目录，各植棉县（市）根据发布的品种目录，结合本地气候及生产实际，科学选定主栽和辅助品种，引导组织统一生产，全面落实推行县域"一主两辅"用种模式，分布实现"一县一品"，鼓励试点"多县一品""一厂（轧花厂）一品"模式，优化品种布局，提高棉花品质的一致性；同时加强棉花生产管理，调优水肥施用及化控技术，确保早熟性和熟性的一致性，力争在脱叶时将吐絮率提升至40%，有效降低含杂率。

3.3 多措并举提高棉花品质

加强从生产、收购到加工流通的全过程质量控制，推进高适纺性优良品种的培育与推广。以纺织业用棉需求为质量导向进行订单生产，鼓励"棉纺企业+合作社+农户+轧花厂"组织模式创新。加大新疆机采棉品种培育力度，解决机采棉采收过程中杂质多、强度低、绒长损耗大等问题，提升机采棉质量。全面推进棉花质量与补贴挂钩试点，实现优质优价。

3.4 充分发挥市场作用

扩大"保险+期货+期权"试点，采取适当奖励进口棉配额和税收优惠政策等方式，解决保费由谁承担问题。推动场内期货、期权等金融衍生品市场发展及国际化进程，逐步掌控国际棉花市场定价权。加强气象灾害系统分析，提高对新年度作物产量预估能力，建立健全涵盖国内国际棉花全产业链大数据监测预警平台，提升棉花市场监测预警和调控能力。

（报告发布时间：2021年1月）